Einsterns Schwester

4

Lesebuch

Herausgegeben von
Roland Bauer, Jutta Maurach

Erarbeitet von
Wiebke Gerstenmaier, Sonja Grimm,
Martina Schramm

Cornelsen

Lesebuch

Herausgegeben von:	Roland Bauer, Jutta Maurach
Erarbeitet von:	Wiebke Gerstenmaier, Sonja Grimm, Martina Schramm
Begutachtung:	Katrin Bertram (Mühlenbeck), Angelika Fischer (Weiterstadt), Claudia Hoeschen (Kappeln)
Redaktion:	Ute Kister
Illustration:	Yo Rühmer, Frankfurt am Main
Umschlaggestaltung:	Cornelia Gründer, agentur corngreen, Leipzig
Layout und technische Umsetzung:	Marina Goldberg

www.cornelsen.de

1. Auflage, 2. Druck 2019

Alle Drucke dieser Ausgabe sind inhaltlich unverändert
und können im Unterricht nebeneinander verwendet werden.

© 2019 Cornelsen Verlag GmbH, Berlin

Das Werk und seine Teile sind urheberrechtlich geschützt.
Jede Nutzung in anderen als den gesetzlich zugelassenen Fällen bedarf
der vorherigen schriftlichen Einwilligung des Verlages.
Hinweis zu §§ 60 a, 60 b UrhG: Weder das Werk noch seine Teile dürfen
ohne eine solche Einwilligung an Schulen oder in Unterrichts- und Lehrmedien
(§ 60 b Abs. 3 UrhG) vervielfältigt, insbesondere kopiert oder eingescannt,
verbreitet oder in ein Netzwerk eingestellt oder sonst öffentlich zugänglich
gemacht oder wiedergegeben werden. Dies gilt auch für Intranets von Schulen.

Druck: Mohn Media Mohndruck, Gütersloh

ISBN 978-3-06-084146-2 (Lesebuch)
ISBN 978-3-06-084169-1 (E-Book Lesebuch)

PEFC zertifiziert
Dieses Produkt stammt aus nachhaltig bewirtschafteten Wäldern und kontrollierten Quellen.
www.pefc.de

Inhaltsverzeichnis

1 Verse, Rätsel, Spielereien

Wie man eine Badewanne füllt · Beatriz Osés	6
Du fragst mich: Wo kommen die Worte her? · Wolf Harranth	7
Lies vorwärts oder rückwärts … · Hans Manz	8
Erich und ich, wir stauschen Tullen · Tine Weppler	9
Wörter, die sich verstecken · Miriam Holzapfel/Selma Kuhlmann	9
Wörter sammeln · Georg Bydlinski	10
Wörtertauschen · Margaret Klare	11
Darum! · Paul Maar	12
Kicherfritzen · Erich Kästner	13
Zoo-Alphabet · Brigitta Weiss	14
Liedchen · Franz Fühmann	15
giraffiti · Arne Rautenberg	15
Was ist Glück? · Kinder aus der Klasse 4c	16
Von Glück reden · Christina Knödler	17
Heute bin ich wild und böse · Jutta Richter/Claudia Weikert	18
Was braucht man zum Reisen? · James Krüss	20
Sehnsucht nach dem Anderswo · Mascha Kaléko	20
Nachricht vom Leben der Spazoren · Peter Hacks	21
Urlaub im Urwald · Heinz Erhard	21
Limerick · unbekannter Autor	22
Aus Nicks Tagebuch · Lincoln Peirce	23
Ohne Zittern, ohne Zagen · Ute Andresen	24
Winnie Pooh & Ferkel · A. A. Milne	24
Gestern war ich schlecht gelaunt · Frantz Wittkamp	24
Wenn es regnet · Paul Maar	25
Einen König und einen Baum · Paul Maar	25
Der ganze Tag, mit A gemalt · James Krüss	26
Tag und Nacht · Fredrik Vahle	27
Der Mond ist aufgegangen · Matthias Claudius	28
Ungeachtet dessen · Ernst Kein	28
Gehst du tags die Straße lang · Robert Gernhardt	29

2 Aus Märchen, Fabeln und Sagen

Flohzirkus · Sybille Hein	30
Das Kätzchen und die Stricknadeln · Ludwig Bechstein	31
Schneeweißchen und Rosenrot · Brüder Grimm	32

Die Heinzelmännchen · August Kopisch	34
Die geraubten Prinzen · Cornelia Funke	36
weltraummärchen · Arne Rautenberg	39
Die drei kleinen Schweinchen · Martina Schramm	40
Der Wolf und die sieben Geißlein · Rolf Krenzer	41
Böser Kerl · Aaron Blabey	41
Die zwölfte Pille · Franz Hohler	42
Der Simulant · Sergej Michalkow	44
Was der Esel nicht verstehen kann · Äsop	46
Mücke und Löwe · James Krüss	46
Die Taube und die Ameise · Jean de La Fontaine	47
Fink und Frosch · Wilhelm Busch	47
Die Stadtmaus und die Feldmaus · Äsop	48
Das kranke Kaninchen · Jens Rassmus	49
Der Ulmer Spatz · nach Carl Hertzog	50
Die Zwerge von Goldberg · Martina Meier	51
Wie die Schildbürger Bäume fällten · Max Kruse	52
Wie Till Eulenspiegel vom Balkon flog · Max Kruse	54
Momos, der Gott des Tadelns und des Nörgelns · Dimiter Inkiow	56
Die Sphinx und ihr schreckliches Rätsel · Dimiter Inkiow	58

3 Wissenswertes und Erstaunliches

Das Zeitalter der Entdeckungen · Gabi Neumayer	60
Fragen an einen Archäologen · Andrea Schaller	62
Die Menschen und ihre Arbeit · Aino Havukainen/Sami Toivonen	64
Mit der Geige um die Welt · Sonja Grimm	66
Wie kommt der Strom in die Steckdose? · Karolin Küntzel	68
Der Zitteraal · Bibi Dumon Tak	70
Dein eigenes Thermometer · Anita van Saan/Tom Dahlke	71
Das Gehirn erzählt · Martina Schramm	72
Albrecht Dürer · R. Brocklehurst, R. Dickins, A. Wheatley	74
Das Beton-Problem · forscher, Ausgabe ahoi!	76
Wer ist in unserem Land der Bestimmer? · Malte Arkona	78

4 Lauter tolle Geschichten

Fünf Hunde im Gepäck · Eva Ibbotson	80
Kalle · Charlotte Habersack	82
Das Blaubeerhaus · Antonia Michaelis	84
Weltenspringer · James Riley	86

- Die verflixten Fletcher Boys machen Ferien · Dana Alison Levy 88
- Fatima · Jürgen Banscherus 90
- Ophelia und das Geheimnis des magischen Museums · Karen Foxlee 92
- Auf dem Weg in die Ferien · Angie Westhoff 94
- Drachen in Gefahr · Cornelia Funke 96
- Kalle Blomquist · Astrid Lindgren 99
- Isla und ein toller Plan · Alexa Hennig v. Lange 102
- Der Dieb im Pyjama · Ursel Scheffler 104

5 Das Jahr ist wie ein Buch

- Das leere Nest · Carlos Reviejo 106
- Blütenspiel · João Proteti 106
- Frühling will es werden · Anita Menger 107
- Der japanische Kranich · David Elliott 107
- Kräuterpfannkuchen · Wiebke Gerstenmaier 108
- Was ist Aberglaube? · aus „Warum!" 109
- Ein Kleeblatt basteln · Wiebke Gerstenmaier 109
- Im Sommer ist alles anders · Jory John/Mac Barnett 110
- Was ist eine Wiese? · Friedl Hofbauer 112
- Sommerlied · Astrid Lindgren/Georg Riedel 113
- November · Heinrich Seidel 114
- Zungenbrecher 115
- Rätsel · Josef Mahlmeister 115
- wolke · Max Bense 115
- Warum machen Maulwürfe Hügel? · aus „Warum!" 116
- Interessantes zum Maulwurf · aus „Warum!" 117
- Der Maulwurf · Josef Guggenmos 117
- Der Grasvulkan · Arne Rautenberg 117
- Schneeflockenlied · Manfred Kyber 118
- treiben im schnee · Ernst Jandl 118
- Warum frieren Fische im See nicht ein? · aus „Warum!" 119
- Ich liebe den Winter! (Peanuts) · Charles M. Schulz 119
- Das Sams feiert Weihnachten · Paul Maar 120
- Liebes Elektrizitätswerk! · Stephan Geesing 122

Stichwortverzeichnis 124
Wörterverzeichnis (Glossar) 125
Quellenverzeichnis/Lösungen 126
Lolas Lesebuch-Quiz 128

Verse, Rätsel, Spielereien

⭐ Wie man eine Badewanne füllt

Man holt sich die Tränen
   des mächtigen Walfischs,
     verrührt sie ein wenig
        mit äußerster Vorsicht …
     Bald perlen Gedichte.

Man legt sich hinein
   ins salzige Wasser,
      man schließt die Augen …
        und träumt von Meeren,
         bedeckt mit Silber.

Beatriz Osés

Du fragst mich: Wo kommen die Worte her?

Du fragst mich: Wo kommen die Worte her?
Aus der Regenharfe, aus dem Wolkenmeer,
aus dem Sternenband, aus dem Waldesrand,
aus dem Wüstensand, aus dem Andersland,
5   aus der Einsamkeit, aus dem Glück zu zweit,
aus dem Gesternkleid, aus der Zukunftszeit,
aus dem Krähenbaum, aus dem Wünschetraum,
aus dem Wiesensaum, aus dem Weltenraum,
aus dem Straßenkrach, aus dem Plauderbach,
10 aus dem Vielzuschwach, aus dem Bessermach,
aus der Lesebrille, aus der Sommergrille,
aus der schrillsten Schrille, aus der stillsten Stille,
aus dem Hier und Dort, aus dem fernsten Ort,
und so immerfort Wort um Wort um Wort …
15 Ah, wie kannst du nur fragen, es ist doch nicht schwer:
Von überall kommen die Worte her.

Wolf Harranth

 Und wo kommen deine Worte her?

⭐ **Lies vorwärts oder rückwärts und beginne, wo du willst.**

- Ich kann mir allein nicht helfen.
- Die Kiste ist zu schwer.
- Man sollte die Kiste heben.
- Ich brauche ein Werkzeug.
- Das Werkzeug ist im Haus.
- Ich bin im Garten.
- Ich kann nicht fortlaufen.
- Mein Fuß steckt unter der Kiste.
- Der Fuß tut mir weh.
- Es ist kaum auszuhalten.
- Die Zehen sind festgeklemmt.
- Ich kann nicht aus dem Schuh heraus.

Hans Manz

Wörter, die sich verstecken

Erich und ich, wir stauschen Tullen,
Nein, natürlich tauschen wir Stullen.

Ein Wäsebrot für ein Kurstbrot,
'ne Schnalamisitte für ein Binkenschrot,
Eine Weberlurst mit gezwösteter Riebel
Für 'ne Schneuselstrecke ist auch nicht übel.

Tine Weppler

Manchmal fällt erst auf den zweiten Blick auf, dass ein Wort weitere Wörter in sich versteckt. Welche großen oder kleinen, niedlichen oder gefährlichen Tiere wohnen in diesen Wörtern?

Bärlauch	Freundschaft	Kinosaal
Mondphase	Eigelb	Nieselregen
Frostbeule	Kauderwelsch	Ziegeldach
Dachschaden	Klammer	Kupferdraht
Sechseck	Instrumente	Schlamassel
Eidotter	Trunkenbold	Raumausstatter
Graben	Applaus	Lachsack
Staubecken	Jahrhundert	Hochseilgarten
	Gaffer	Drehmoment
	Reklamation	

Miriam Holzapfel/Selma Kuhlmann

Finde selbst Wörter, in denen Wörter versteckt sind.
Stelle sie anderen vor.

Verse, Rätsel, Spielereien

⭐ Wörter sammeln

Jedes Wort hat eine Farbe,
jedes Wort hat einen Klang.
Manche Worte sind kurz,
andere lang:

>Eishöhlengeister,
>Schneckenhausmeister,
>Wolkenradzupfer,
>Löwenzahntupfer,
>Birkenweißmaler,
>Maisonnenstrahler …

Jedes Wort hat eine Botschaft,
manchmal singt es, manchmal knurrt's.
Manche Worte sind lang,
andere kurz:

>Reis,
>heiß!
>Miau,
>au!
>Gebell,
>schnell …

Manche Worte sind gesprochen,
andre Worte nur gedacht.
Gib auf alle Sorten
von Worten –
die langen und die kurzen,
die lauten und die leisen –
beim Wörtersammeln Acht!

Georg Bydlinski

Wörtertauschen

Schenk mir deine Wörter
ich gebe dir meine dafür:
Glück für bonheur
und Blume für fleur
5   misère für die Not
le pain für das Brot
le rêve für den Traum
und arbre für Baum
die Mutter für mère
10 den Vater für père
mein gut für dein bon
mein nein für dein non
dein oui für mein ja
dein près für mein nah
15 und ich für moi
und du für toi
lass uns die Wörter
tauschen, bis einer
den anderen kennt
20 und kein Wort uns
mehr trennt.

Margaret Klare

In diesem Gedicht findest du viele französische Wörter.
Schreibe dir einen französisch-deutschen Wörterzettel.

⭐ Darum!

Paul Maar

 **Kicherfritzen**

Habt ihr das schon mal gemacht:
ohne jeden Grund gelacht?
Na, wie steht's? Ich glaube sicher,
dass ihr dieses Lachen kennt,
5   das man allgemein Gekicher nennt.

Wie entsteht so etwas bloß?
Es entsteht nicht. Es geht los.

Eben noch tat keiner mucksen.
Fritz beginnt herumzudrucksen.
10 Paul hat sich parterre* gesetzt,
denkt nichts Böses, hört sie juxen
und bekichert sich zuletzt.

Schließlich platzen sie vor Lachen.
Und sie meckern wie die Ziegen,
15 bis sie fast am Boden liegen.
Und sie finden es zu dumm.

Doch da lässt sich gar nichts machen,
und sie meckern und sie lachen,
und sie wissen nicht warum.
20 Keiner sieht den andern an,
denn sonst würde es noch schlimmer.

Und das Kichern wird Gewimmer.
Mutter sitzt im Nebenzimmer
und bleibt ernst, so gut sie kann.
25 Kichern strengt genauso an
wie ein Tausend-Meter-Lauf.

Und so leise, wie's begann,
hört es auf.

Erich Kästner

 Übe gemeinsam mit einem Partnerkind, das Gedicht mit passender Betonung vorzulesen. Wechselt euch nach jeder Strophe ab.

⭐ Zoo-Alphabet

Ein **A**ffe im Berliner Zoo
Wird seines Lebens nicht mehr froh,
Ein **B**är bedroht ihn bärenwild
Im nachbarlichen Zoogefild* –
5   Das sieht auch das **C**hamäleon
Und schleicht sich grün im Gras davon.
Ein **D**achs schläft tief in seinem Bau.
Der **E**lefant mit seiner Frau
Schaut schläfrig den **F**asanen zu,
10   Doch die **G**iraffe Mary-Lou
Stolziert hellwach am Zaun entlang.
Ein **H**ase gräbt sich einen Gang
Und weckt dabei den **I**gel auf.
Der **J**aguar, gehemmt im Lauf,
15   Blickt traurig hin zum **K**akadu.
Die **L**öwin kneipt die Augen zu,
da brüllt ein **M**enschenaffenkind.

Das **N**ashorn schnaubt im kalten Wind,
Ein **O**tter schwimmt im Wasserbecken,
20   Den **P**anther scheint nichts mehr zu schrecken …
Zwei **Qu**allen im Aquarium,
Die schwimmen nur im Kreis herum.
Das **R**entier draußen scharrt im Gras,
25   **S**eelöwen macht das Planschen Spaß,
Derweil ein **T**iger Zähne zeigt.
Ein **U**hu sitzt im Raum und schweigt,
Hört einen kleinen **V**ogel singen.
Dem **W**olf will nur Geheul gelingen …
30   Da kommen **X**aver und **Y**vonne
Mit einer großen Futtertonne,
Und auch das **Z**ebra steht bereit,
Denn es ist Abendessenszeit!

Brigitta Weiss

⭐ LIEDCHEN

In ihr Maushaus
lief die Hausmaus,
doch sie hielt's nicht lang drin aus,
denn im Dreckeck
5   lag viel Eckdreck,
und das war ein großer Graus.

In dem Wurmturm
ächzt ein Turmwurm,
und er ächzt so schauerlich,
10 weil der Fuchsluchs
mit dem Luchsfuchs
gestern ums Gemäuer strich.

In dem Zwergberg
sitzt der Bergzwerg,
15 und er sehnt sich jedes Jahr
nach dem Strandsand
fern am Sandstrand,
wo er mal auf Urlaub war.

Und der Dachslachs
20 huscht zum Lachsdachs,
den er aus der Schule kennt,
und der Spechthecht
ruft zum Hechtspecht:
Endlich ist das Lied zu End'!

Franz Fühmann

⭐ giraffiti

oh die affen sind so kühn
wenn sie giraffiti sprühn

denn sie sprühen nur giraffen
oh die leute wie sie gaffen

an den wänden ihrer city
sind schon lauter girafitti

Arne Rautenberg

 Lerne eins der Gedichte auswendig. Trage es der Klasse vor.

⭐ Was ist Glück?

- „Glück ist, ohne Schmerzen zu laufen", sagt Frau Siegert.
- „Glück ist, am Abend unter einer warmen Decke zu liegen", sagt Emil.
- „Glück ist, ein Zuhause zu haben", sagt Lilli.
- „Glück ist, beim Fußball Tore zu schießen", sagt Johanna.
- „Glück ist, sehen, hören, riechen, fühlen und sprechen zu können", sagt Mathilda.
- „Glück ist, Cello zu spielen", sagt Hedi.
- „Glück ist, einen kleinen Bruder zu haben", sagt Lucius.
- „Glück ist, auf einem Pferd zu reiten", sagt Lena.
- „Glück ist, sich wohlzufühlen", sagt Viola.
- „Glück ist, auf einer Sommerwiese zu liegen und in die Wolken zu schauen", sagt Nina.
- „Glück ist, in die Schule gehen zu können", sagt Sina.
- „Glück ist, einen guten Freund zu haben", sagt Ronja.
- „Glück ist, am Strand schlafen zu können", sagt Silvan.
- „Glück ist, mein Bruder findet Arbeit", sagt Oskar.
- „Glück ist, mit meinen Eltern Ball zu spielen", sagt Emma.
- „Glück ist, Spaß im Leben zu haben", sagt Noah.
- „Glück ist, viele Abenteuer zu erleben", sagt Konstantin.
- „Glück ist, in einem Helikopter mitzufliegen", sagt Rio.
- „Glück ist, eine Sternschnuppe zu sehen", sagt Luis.
- „Glück ist, ohne Krieg zu leben", sagt Johanna.

- „Glück ist, Geschwister zu haben, die auf einen aufpassen.", sagt Till.
- „Glück ist, dass ich überhaupt lebe.", sagt Julius.
- „Glück ist, beim Rennen den Wind im Gesicht zu spüren.", sagt Susi.
- „Glück ist, auf der Erde zu leben.", sagt Maurice.
- „Glück ist, einen Hund zu haben.", sagt Julia.

Klasse 4c, Neumarktschule in Halle

★ Von Glück reden

Man kann von
Glück
reden

Von Regen auf Fenstern
5   wie Blindenschrift,
Kakao ohne Haut,
vom Wiederfinden,
nicht Verlieren,
warmem Brot und
10 weichen Fragen,
von Freunden
und
Fischen
und
15 tanzenden Schatten
im Schnee

Christina Knödler

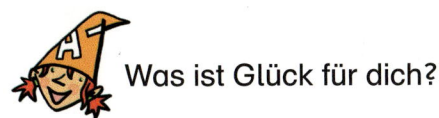
Was ist Glück für dich?

Verse, Rätsel, Spielereien

Ich geb heute keine Küsse und ich schmuse nicht herum.

Ich bin stark ich knacke Nüsse und ich finde Schmusen dumm.

Aber endlich kommt der Abend und das Bösesein ist schwer.

Und ich stehe in der Küche und ich bin kein Löwe mehr.

Nimm mich bitte in die Arme! Gib mir einen lieben Kuss!

Ich bin froh, dass ich jetzt endlich keinen Wolf mehr spielen muss.

Jutta Richter/Claudia Weikert

 Zu welchem Tier wirst du, wenn du böse bist? Zeichne einen Comic.

Was braucht man zum Reisen?

Was braucht man zum Reisen?
Geld, Glück und Verstand,
die Seife, das Handtuch, den Kamm,
zwei Hemden, zwei Hosen,
5 ein Regengewand
und Bürste und Schuhcreme und Schwamm.

Im Mai braucht man Schirme
und Wolle im März,
ein Badekostüm im August.
10 Doch braucht man vor allem ein heitres Herz
und Liebe und Laune und Lust.

James Krüss

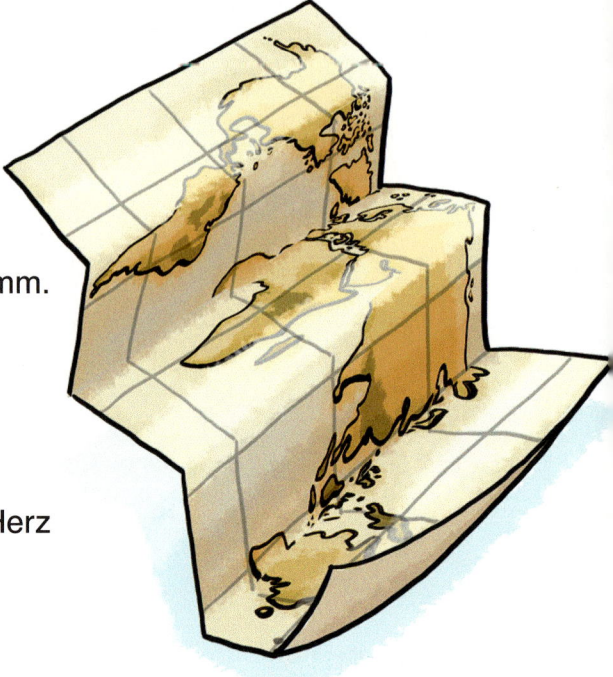

Sehnsucht nach dem Anderswo

Drinnen duften die Äpfel im Spind*,
Prasselt der Kessel im Feuer.
Doch draußen pfeift Vagabundenwind*
Und singt das Abenteuer!

5 Der Sehnsucht nach dem Anderswo
Kannst du wohl nie entrinnen:
Nach drinnen, wenn du draußen bist,
Nach draußen, bist du drinnen.

Mascha Kaléko

✨ Nachricht vom Leben der Spazoren

Bei Asien gleich querfeldein,
da leben die Spazoren.
Die haben Rüssel wie ein Schwein
und tellergroße Ohren.

5 Von Tokio bis nach Athen
gibts keine mehr wie diese.
Man sieht sie bloß spazieren gehn
auf einer gelben Wiese.

Sie haben Rosen angebaut
10 wohl auf dem gelben Rasen.
Sie schnobern am Lavendelkraut
und pflückens mit den Nasen.

Nie gibt es eine Hungersnot,
und kein Spazor kann kochen:
15 sie brauchen gar kein Abendbrot,
wenn sie sich satt gerochen.

Kommt dort einmal ein Regen vor,
vielleicht auf einer Kirmes*,
dann heben sie das linke Ohr
20 statt eines Regenschirmes.

Und kommt ein harter Winter mal,
und friert das Eis und prickelt,
dann gehn sie, statt in einen Schal,
ins rechte Ohr gewickelt.

25 So brauchen sie zu darben* nicht
und brauchen nicht zu frieren
und gehen ledig* jeder Pflicht
spazoren, nein: spazieren.

Einst kam ein Doktor hochgelahrt
30 zum Lande der Spazoren.
Sie wünschten ihm vergnügte Fahrt
und winkten mit den Ohren.

Peter Hacks

✨ Urlaub im Urwald

Ich geh' im Urwald für mich hin ...
Wie schön, dass ich im Urwald bin:
Man kann hier noch so lange wandern,
ein Urbaum steht neben dem andern.
Und an den Bäumen, Blatt für Blatt,
hängt Urlaub. Schön, dass man ihn hat!

Heinz Erhard

Male zwei Spazoren.

Limerick

There was a young lady of Riga
who rode with a smile on a tiger.
They returned from the ride
with the lady inside
and the smile on the face of the tiger.

unbekannter Autor

Das bedeutet der Text:
Eine junge Dame aus Riga
ritt lächelnd auf einem Tiga (Tiger).
Auf dem Weg zurück
lächelt er voller Glück,
denn sie war jetzt innen im Tiga.

Limerick ist eine Grafschaft in Irland.
Die selbstverfassten Gedichte dieser Art sind so berühmt,
dass sie nach ihrer Herkunft benannt wurden.
Du kannst es selbst ausprobieren.
Am besten beginnst du mit „Es war (mal) …"
Die ersten beiden Zeilen und die nächsten beiden sollen
sich jeweils reimen.
Die letzte Zeile reimt sich wieder auf die ersten beiden.

 Schreibe einen eigenen Limerick: Es war mal ein buntes Chamäleon …

Aus Nicks Tagebuch

Ich dachte immer, Poesie* wär was für britische Kerle, die in Strumpfhosen rumlatschen und mit Pfauenfedern Sonette* aufs Papier kritzeln, aber da scheint mehr dahinterzustecken. Miss Clarke hat mit uns unterschiedliche Gedichte durchgenommen. Und nun müssen wir in einem Poesie-Tagebuch unsere eigenen Gedichte aufschreiben.

Limerick von Nick Wright
Ich aß eine Reihe von Nudeln
und auch eine Menge an Strudeln.
Von all diesen Mahlen
gab nur eines mir Qualen:
Die Extraportion für den Pudel.

Haiku von Nick Wright +
Deine Käseflips.
Frisch. Knusprig. Lockerleicht.
Gib mir einen, sofort.

Ode* an den Käseflip von Nick Wright
Ich such im Supermarkt in Eile
nach diesem wunderbaren Teile.
Da ist es schon, in Reihe zwei,
und kostet nur ein Dollar drei!
Ne Tüte Käseflips, mir läuft im Mund
das Wasser zusammen, und so gesund!
Und wisst ihr, wer flennt,
wenn von seinen Käseflips getrennt?
Das ist alles, wonach ich strebe,
bis ich mich fast übergebe.
Doch im Falle eines Falles:
Käseflips sind für mich alles!

Lincoln Peirce

+ Dieses Haiku wurde aus dem Englischen übersetzt. Das Silben sind daher anders verteilt als üblich.

Verse, Rätsel, Spielereien

⭐ Kleine Texte für gute Laune

Ohne Zittern, ohne Zagen
dreimal „Hokuspokus" sagen,
dreimal mit dem Kopfe nicken,
dreimal um die Ecke blicken,
5   dreimal trocken runterschlucken,
dreimal mit der Nase zucken,
dreimal mit dem Fuße wippen,
dreimal mit dem Finger schnippen,
dreimal fest die Daumen drücken –
10 diesmal soll mir alles glücken!

Ute Andresen

Hokuspokus
Hokuspokus
Hokuspokus

„Welchen Tag haben wir?", fragte Pooh.
„Es ist heute", quiekte Ferkel.
„Mein Lieblingstag!", sagte Pooh.

A. A. Milne ❖

Gestern war ich schlecht gelaunt
und alles ging daneben.
Heute bin ich ganz erstaunt,
wie schön es ist zu leben.

Frantz Wittkamp

⭐ Mit der alten Schreibmaschine

WENN ES ? ? ? ? ? ? ?
? ? ? ? ? ? ? ?
? ? ? ? ? ? ? ?
? ? ? ? ? ? ? ?
? ? ? ? ? ? ? ?
? ? ? ? ? ? ? ?
? ? ? ? ? ? ?
? ? ? ? ? ?
? ? ? ? ?
TUT EIN HUT
ODER EINE MÜTZE GUT!

Paul Maar

> Einen König und einen Baum
> erkennt man ohne Krone kaum.
> Der Baum trägt seine Krone immer,
> Der König nimmt sie ab im Zimmer,
> wenn er mit seiner Frau allein.
> Die Frau reibt sie mit Putzfix ein,
> damit sie ja nicht rosten tut.
> (Das findet ihr Gemahl sehr gut.)
>   Er ist auf seinen
>   Stamm=
>   baum
>   stolz.
>   Des
>   Baumes
>   Stamm
>   besteht
>   aus Holz.
> !!!!!!!!!!!!!!!!!!!!!!!!!!!!!!!!!!!!!

Paul Maar

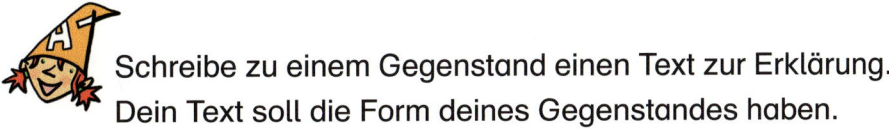 Schreibe zu einem Gegenstand einen Text zur Erklärung.
Dein Text soll die Form deines Gegenstandes haben.

Verse, Rätsel, Spielereien

Der ganze Tag, mit A gemalt

Es kam der Tag im Strahlenglanze.
Die Sonne stand am Himmelsplan
und wärmte Wald, Berg, Tal und Pflanze,
wie sie es Jahr für Jahr getan.

5 Dann kam der Nachmittag, der fahle,
die Schatten waren schmal und lang.
Es saß im schrägen Sonnenstrahle
die Amsel auf dem Ast und sang.

Am Abend sangen Nachtigallen.
10 Da war des Tages Glanz und Pracht
ins Schattenland hinabgegangen,
und sanft und langsam kam die Nacht.

Nun naht der Schlaf. Die Sterne strahlen.
Schlaft, schlaft! Das Tagwerk ist getan.
15 Die Nacht pflegt schwarz in schwarz zu malen.
Planeten wandeln ihre Bahn.

James Krüss

Wie sieht ein Tag mit e aus?

Tag und Nacht

Ganz langsam und sacht
kommt der Tag aus der Nacht.

Er sagt: „Ich schleich mich leise ran,
damit's die Nacht nicht merken kann.
5   Und dann steh ich schon auf dem Sprung
in der Morgendämmerung."

Der Tag, er blinzelt, strahlt und lacht,
hat alles rundrum hell gemacht.
Dann ruft er morgenfrisch: „Hurra!
10 Jawoll, jetzt bin ich dicke da!"

Dann macht der Tag sich lang und breit.
Jetzt ist er dran, hat so viel Zeit.
Die Nacht ist nun für viele Stunden
im Was-weiß-ich-denn-wo verschwunden.

15 Er ruft ihr nach: „Du sollst verschwindien
bis ganz weit weg, bis hinter Indien!"
Doch irgendwie tut's ihm auch leid,
denn jedes Ding hat seine Zeit.

Drum sagt der Tag: „Auf Wiedersehn!",
20 das klingt versöhnlich, das ist schön.
Und, dass die Nacht es gut versteht:
„Vor heute Abend nicht, wenn's geht!"

Die Sonne hoch im Himmel lacht
– sie weiß, dass sich die Erde dreht –
25 und hat dann auch aus diesem Tag
'ne schöne dunkle Nacht gemacht.

Fredrik Vahle

Der Mond ist aufgegangen

Der Mond ist aufgegangen,
die goldnen Steinlein prangen*
am Himmel hell und klar.
Der Wald steht schwarz und schweiget
5 und aus den Wiesen steiget
der weiße Nebel wunderbar.

Wie ist die Welt so stille
und in der Dämm'rung Hülle
so traulich und so hold*!
10 Als eine stille Kammer,
wo ihr des Tages Jammer
verschlafen und vergessen sollt.

Seht ihr den Mond dort stehen?
Er ist nur halb zu sehen
15 und ist doch rund und schön.
So sind wohl manche Sachen,
die wir getrost belachen,
weil unsre Augen sie nicht sehn.

Matthias Claudius

 Zu dem Gedicht von Matthias Claudius gibt es eine sehr bekannte Melodie. Lerne das Lied.

Un
 geach
  tetdes
   senwas
    aufihm
     geschieht
      gehtdergu
       temondnoch
        immerstil
         ledurch
          dieabend
         wolken
        hin

Ernst Kein

✨ Gehst du tags die Straße lang,
bist du nicht alleine.
Denn dein Schatten folgt dir stumm
über Stock und Steine.
5 Das weiß jeder. Doch was macht
so ein Schatten in der Nacht?

Nun – im Schutz der Dunkelheit
nutzt er seine freie Zeit
und trifft an verschwiegnen Orten
10 andre Schatten aller Sorten.
Menschen-, Tier- und Vogelschatten,
die am Tag zu schweigen hatten,
schwatzen nun in trauter Runde,
bis das Licht der Morgenstunde
15 alle zwingt, zurückzukehren –
womit wir beim Thema wären:
Zwar hab ich es nie gesehn,
doch man sagt, es sei geschehn,
dass ganz pflichtvergess'ne Schatten
20 keine Lust zur Rückkehr hatten.
Solche Schatten – wird berichtet –
hab' man überall gesichtet.
Statt bei ihrem Herrn zu bleiben,
würden sie nun Unfug treiben.
25 Ja, sie dienten fremden Herrn,
grad als ob's die eignen wär'n.
Doch! Das hört man in der Tat.
Vielleicht ist's wahr. Daher mein Rat:

Gehst du tags die Straße lang
30 und es folgt dir einer,
schau dir mal den Schatten an.
Ist es wirklich deiner?

Robert Gernhardt

 Was erlebt dein Schatten in der Nacht? Erzähle es anderen Kindern.

2 Aus Märchen, Fabeln und Sagen

Flohzirkus

Die Welt ist doch ein Flohzirkus
und voller Abenteuer!
Ich spuck 'nem Riesen auf den Kopf,
entführ ein Ungeheuer!
5 Ich pack die Langeweile
an ihren Löffelohr'n,
lass sie bei hundertneunzig Grad
im Ofen verschmor'n.

Mit einem Schlossgespenst um die Wette fliegen,
10 mit einer Räuberbande auf der Lauer liegen,
einen ausgebüxten Flaschengeist entdecken
und in eine alte Ketchupflasche stecken.

Einem Zauberer den Zauberstab stibitzen,
im Schnurrbart eines Riesen sitzen.
15 Und am Abend schlürf ich mit 'ner guten Fee
ein heißes Tässchen Brombeertee.

Die Welt ist doch ein Flohzirkus
und voller Abenteuer!
Ich spuck 'nem Riesen auf den Kopf,
20 entführ ein Ungeheuer!
Ich piks der Langeweile
in ihren dicken Po
und schicke sie im Postpaket
zurück nach Nirgendwo.

Sybille Hein

Das Kätzchen und die Stricknadeln

Es war einmal eine arme Frau, die in den Wald ging, um Holz zu lesen. Als sie mit ihrer Bürde auf dem Rückwege war, sah sie ein krankes Kätzchen hinter einem Zaun liegen, das kläglich schrie. Die arme Frau nahm es mitleidig in ihre Schürze und trug es nach Hause zu. Auf dem Wege kamen
5 ihre beiden Kinder ihr entgegen und wie sie sahen, dass die Mutter etwas trug, fragten sie: „Mutter, was trägst du?" und wollten gleich das Kätzchen haben; aber die mitleidige Frau gab den Kindern das Kätzchen nicht, aus Sorge, sie möchten es quälen, sondern legte es zu Hause auf alte weiche Kleider und gab ihm Milch zu trinken.

10 Als das Kätzchen sich gelabt* hatte und wieder gesund war, war es mit einem Male fort und verschwunden. Nach einiger Zeit ging die arme Frau wieder in den Wald, und als sie mit ihrer Bürde Holz auf dem Rückwege wieder an die Stelle kam, wo das kranke Kätzchen gelegen hatte, da stand eine ganz vornehme Dame dort, winkte
15 die arme Frau zu sich und warf ihr fünf Stricknadeln in die Schürze.

Die Frau wusste nicht recht, was sie denken sollte, und dünkte diese absonderliche Gabe ihr gar zu gering; doch sie nahm die fünf Stricknadeln des Abends auf den Tisch. Aber als die Frau des anderen Morgens ihr Lager verließ, da lag ein Paar neue fertig gestrickte
20 Strümpfe auf dem Tisch. Das wunderte die arme Frau über die Maßen, und am nächsten Abend legte sie die Nadeln wieder auf den Tisch, und am Morgen darauf lagen neue Strümpfe da. Jetzt merkte sie, dass zum Lohn ihres Mitleids mit dem kranken Kätzchen ihr diese fleißigen Nadeln beschert waren und ließ dieselben nun jede Nacht stricken,
25 bis sie und die Kinder genug hatten. Dann verkaufte sie Strümpfe und hatte genug bis an ihr seliges Ende.

Ludwig Bechstein

Schreibt alle Märchen auf, die ihr kennt.
Wer kennt die meisten? Wie viele habt ihr gemeinsam?

Schneeweißchen und Rosenrot

Es war einmal eine Mutter, die mit ihren beiden Töchtern in einem kleinen Haus im Wald lebte. In ihrem Garten standen zwei wunderschöne Rosenbäumchen. Davon trug das eine weiße, das andere rote Rosen.
5 Die Mädchen waren so schön wie die Rosenbäumchen. So hieß die eine Schneeweißchen, die andere Rosenrot. Beide Kinder waren freundlich und fleißig. Sie hatten einander sehr lieb und wollten sich nie verlassen.

Eines Winterabends, als es draußen bitterkalt war, klopfte es an die Tür.
10 Rosenrot öffnete die Tür. Da stand ein großer, schwarzer Bär. Rosenrot schrie laut auf und sprang zurück. Der Bär aber fing an zu sprechen: „Fürchtet euch nicht vor mir, ich tue niemandem etwas. Ich bin halb erfroren und möchte mich wärmen." Die Mutter sprach zu ihm: „Du armer Bär, leg dich rasch ans Feuer." Schneeweißchen und Rosenrot waren nicht mehr ängstlich
15 und klopften dem Bär den Schnee vom Fell. Sie wurden schnell miteinander vertraut. Der Bär blieb bis zum Frühling.

Eines Morgens sagte der Bär zu Schneeweißchen:
„Ich muss fort in den Wald und meine Schätze vor dem bösen Zwerg hüten."
Sie war sehr traurig über den Abschied.

20 Nach einiger Zeit schickte die Mutter die Kinder in den Wald, um Holz zu holen. Sie sahen einen großen Baum und hörten ein fürchterliches Geschrei. Ein alter Zwerg hing mit seinem langen Bart am Baumstamm fest. Der Zwerg schrie die Mädchen an: „Was steht ihr da! Ihr Milchgesichter, helft mir!" Die Mädchen gaben sich alle Mühe, aber sie konnten den Bart nicht heraus-
25 ziehen. Schneeweißchen holte eine Schere heraus und schnitt das Ende des Bartes ab. Der Zwerg war sehr verärgert darüber. Sobald er frei war, griff er nach seinem Sack und verschwand.

Am nächsten Tag wollten die Mädchen Fische angeln. Am Bach hüpfte etwas hin und her. Sie erkannten den Zwerg. Dessen Bart war mit der
30 Angelschnur verflochten und ein großer Fisch zog am Haken.
Die Mädchen wollten dem Zwerg helfen. Sie mussten wieder ein Stück

von seinem Bart abschneiden. Als der Zwerg das sah, schrie er die Mädchen an: „Ihr dummen Gänse, ihr verschandelt mein Gesicht!" Er nahm seinen Sack und verschwand.

35 Bald darauf waren Schneeweißchen und Rosenrot auf dem Weg in die Stadt. In der Luft sahen sie einen großen Vogel schweben, der immer dichter kam. Zugleich hörten sie einen jämmerlichen Schrei. Der Adler hatte den Zwerg gepackt. Die Mädchen hatten Mitleid. Sie zogen so fest am Zwerg, bis der Adler ihn fallen ließ. Der Zwerg
40 aber schrie: „Konntet ihr nicht aufpassen? Meine ganzen Kleider sind zerrissen!" Er schnappte seinen Sack und lief davon.

Auf dem Rückweg überraschten die Mädchen den Zwerg auf einer Wiese. Er zählte seine Edelsteine, als er die Mädchen bemerkte. „Was steht ihr da herum", schrie der Zwerg. Da hörten sie ein lautes Brummen und ein schwarzer
45 Bär trabte aus dem Wald herbei. Erschrocken sprang der Zwerg auf und jammerte: „Lieber Herr Bär, verschone mich, ich will euch all meine Schätze geben. Nimm die beiden bösen Mädchen." Der Bär aber gab dem Zwerg einen einzigen Schlag mit der Tatze, sodass dieser sich nicht mehr regte.

Die Mädchen hatten Angst. „Schneeweißchen und Rosenrot, fürchtet
50 euch nicht", brummte der Bär. Da erkannten sie seine Stimme und plötzlich fiel die Bärenhaut von ihm ab. Der Bär war nun ein schöner Mann, ganz in Gold gekleidet. Er sprach: „Ich bin ein Königssohn. Der böse Zwerg hat mich als Bär verzaubert und meine Schätze gestohlen. Nun hat er seine gerechte Strafe bekommen."

55 Schneeweißchen heiratete den Königssohn und Rosenrot wurde mit seinem Bruder vermählt. Zusammen mit der Mutter feierten sie ein riesiges Hochzeitsfest und lebten lange und glücklich. Jedes Jahr trugen die beiden Bäumchen die schönsten Rosen, weiß und rot.

Brüder Grimm

Überlege dir einen witzigen anderen Schluss für das Märchen. Schreibe ihn auf und lies ihn vor.

Aus Märchen, Fabeln und Sagen

Die Heinzelmännchen

Wie war zu Köln es doch vordem
mit Heinzelmännchen so bequem!
Denn, war man faul, man legte sich
hin auf die Bank und pflegte sich:
5   Da kamen bei Nacht,
    ehe man's gedacht,
    die Männlein und schwärmten
    und klappten und lärmten,
    und rupften
10 und zupften,
    und hüpften und trabten
    und putzten und schabten …
    Und eh ein Faulpelz noch erwacht, …
    War all sein Tagewerk … bereits
15   gemacht!

Die Zimmerleute streckten sich hin
auf die Spän' und reckten sich.
Indessen kam die Geisterschar
und sah, was da zu zimmern war.
20 Nahm Meißel und Beil
    und die Säg' in Eil;
    sie sägten und stachen
    und hieben und brachen,
    berappten
25 und kappten,
    visierten wie Falken
    und setzten die Balken …
    Eh sich's der Zimmermann versah …
    Klapp, stand das ganze Haus …
30   schon fertig da!

Beim Bäckermeister war nicht Not,
die Heinzelmännchen backten Brot.
Die faulen Burschen legten sich,
die Heinzelmännchen regten sich –
35 und ächzten daher
    mit den Säcken schwer!
    Und kneteten tüchtig
    und wogen es richtig,
    und hoben
40 und schoben,
    und fegten und backten
    und klopften und hackten.
    Die Burschen schnarchten noch im Chor,
    da rückte schon das Brot … das neue,
45   vor!

Einst hatt' ein Schneider große Pein:
der Staatsrock sollte fertig sein;
warf hin das Zeug und legte sich
hin auf das Ohr und pflegte sich.
50 Da schlüpften sie frisch
in den Schneidertisch;
da schnitten und rückten
und nähten und stickten,
und fassten und passten,
55 und strichen und guckten
und zupften und ruckten …
Und eh mein Schneiderlein erwacht:
War Bürgermeisters Rock … bereits gemacht!

Neugierig war des Schneiders Weib,
60 und macht sich diesen Zeitvertreib:
streut Erbsen hin die andre Nacht,
die Heinzelmännchen kommen sacht:
eins fähret nun aus,
schlägt hin im Haus,
65 die gleiten von Stufen
und plumpen in Kufen,
die fallen
mit Schallen,
die lärmen und schreien
70 und vermaledeien!
Sie springt hinunter auf den Schall
mit Licht: husch husch husch husch! –
verschwinden all!

O weh! nun sind sie alle fort,
75 und keines ist mehr hier am Ort!
Man kann nicht mehr wie sonsten ruhn,
man muss nun alles selber tun!

August Kopisch

Aus Märchen, Fabeln und Sagen

Die geraubten Prinzen

Es war einmal eine schreckliche Riesin namens Grauseldis, die sammelte schöne Prinzen. Sie raubte sie aus ihren Schlössern und grapschte sie von ihren Pferden. Sie stopfte sie in ihre riesige Handtasche und schleppte sie dann
5 in ihr Schloss, hoch auf dem Gipfel eines Berges. Manche Prinzen schafften sich bissige Hunde an. Einige ließen ihr Schloss von hundert Rittern bewachen, andere verkleideten sich als arme Bauern, aber Grauseldis schnappte sie alle.

In ihrem Schloss hatte die Riesin ein Puppenhaus mit vielen kleinen
5 Zimmern. Dort steckte sie die Prinzen hinein. Die schönsten bekamen die größten Zimmer und die klügsten benutzte Grauseldis als Schachfiguren. Sie kochte ihnen köstliche Mahlzeiten und spielte ihnen auf der Laute vor, aber das Puppenhaus durften sie erst wieder verlassen, wenn sie der Riesin nicht mehr gefielen.
15 Jahrelang ging das so.

Bis Grauseldis eines Tages den schönen Prinzen von Kleinpistazien raubte. Er bewunderte sich gerade im Spiegel, als Grauseldis mit ihren Riesenfingern durchs Fenster griff und ihn in ihre Handtasche stopfte. Seine Mutter, Königin Adelheit, war verzweifelt. Eine Million
20 Goldstücke bot sie dem, der ihren Sohn befreien würde.
Es meldeten sich viele Ritter, aber nicht einer kehrte vom Schloss der furchtbaren Riesin zurück. Grauseldis warf sie alle in einen dunklen, feuchten Kerker.

Königin Adelheits Verzweiflung war grenzenlos und tränenreich.
25 Aber eines Morgens wurde ihr wieder ein Ritter gemeldet, in roter Rüstung trat er vor ihren Thron. „Ich werde Euren Sohn befreien", sagte er, ohne seinen Helm zu öffnen. „Aber nur unter einer Bedingung. Dass Ihr ihn mir zum Mann gebt."
„Wie bitte?", rief die Königin.

30 Da nahm der blutrote Ritter seinen Helm ab, und zum Vorschein kam
eine wunderschöne Frau. „Ich bin die Ritterin Frieda Ohnefurcht",
sagte sie. „Unbesiegt in vielen Kämpfen. Ich werde Euren Sohn befreien,
wenn Ihr mir versprecht, was ich verlange." „Aber ja!", rief die Königin.
„Aber ja doch, alles, was Ihr wollt, meine Teure, nur bringt ihn zurück!"

35 Da schwang sich Frieda Ohnefurcht auf ihr schwarzes Pferd.
Sie ritt drei Tage und drei Nächte, bis sie zu dem Berg kam,
auf dem das Schloss der Riesin stand. Bleich stand der Mond
über den spitzen Türmen. Das Schnarchen von Grauseldis
war bis zum Fuß des Berges zu hören. Schnell wie der Wind
40 ritt Frieda Ohnefurcht zum Schloss hinauf. Vor dem Tor
sprang ihr knurrend der fünfköpfige Wachhund der Riesin entgegen.
Aber die rote Ritterin knotete ganz einfach seine fünf Hälse
zusammen und ließ ihn den steilen Berg hinunterrollen. Dann ritt
sie in den großen Schlosssaal.

45 „Grauseldis!", rief sie. „Komm her!"
„Wer brüllt so frech in meinem Schloss herum?", knurrte die Riesin.
Sie rollte aus ihrem Bett und polterte die Treppe hinunter.
„Rück die Prinzen raus, Grauseldis", rief die Ritterin. „Oder du wirst
die Sonne nicht aufgehen sehen."

Aus Märchen, Fabeln und Sagen

50 „Hahaaa!", lachte die Riesin und klatschte in die Hände. „Ich glaube, ich werde dich auch behalten. Du bringst mich zum Lachen!"
Frieda streifte sich einen Handschuh von der Hand. Aus ihrem Ärmel kroch eine kleine Spinne.

Die Riesin wurde bleicher als der Mond. „Nimm sie weg!", schrie sie
55 und kletterte ängstlich auf einen Stuhl. „Nimm sie weg!"

Frieda Ohnefurcht flüsterte der Spinne etwas zu und setzte sie zu Boden. Das kleine Tier krabbelte auf die Riesin zu. Grauseldis sprang wild von einem Bein aufs andere und versuchte, die Spinne zu zertreten. Immer wilder stampfte die Riesin. Das Schloss bebte. Alle Kronleuchter
60 fielen von der Decke, und die Prinzen im Puppenhaus plumpsten aus ihren Betten.
Die kleine Spinne krabbelte der Riesin ungerührt auf den Fuß und kletterte ihr Bein hinauf.
„Aaaah!", kreischte Grauseldis.

65 Und dann passierte es: Stück für Stück erstarrte die furchtbare Riesin zu Stein, bis sie grau und reglos in der Schlosshalle stand. „Geschafft!", sagte Frieda Ohnefurcht. Sie zog ihren Handschuh wieder an und klemmte sich den roten Helm unter den Arm. Dann befreite sie die Prinzen aus dem Puppenhaus und die Ritter aus dem Kerker.

70 Und den schönen Prinzen von Kleinpistazien? Den hat sie doch nicht geheiratet, denn einer der Ritter gefiel ihr noch viel besser. Friedas Spinne blieb im Schloss und baute sich ein wunderschönes Netz. Direkt hinter dem Ohr der versteinerten Grauseldis.

Cornelia Funke

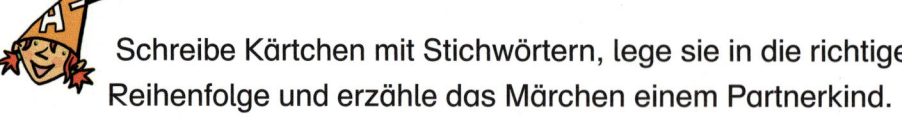

Schreibe Kärtchen mit Stichwörtern, lege sie in die richtige Reihenfolge und erzähle das Märchen einem Partnerkind.

weltraummärchen

rotkäppchen fliegt rakete
fliegt weit ins
kalte all hinaus
fliegt durch ein
5   weltraumhexenhaus
zieht bahnen linien
wie ein maler
fliegt durch millionen
sternentaler

10 rotkäppchen fliegt rakete
doch hilft kein weltraum
hilft kein geld
es will zurück
zur märchenwelt
15 da dreht es um
mit überschall
und fliegt zurück
zum erdenball

rotkäppchen fliegt rakete
20 umrundet noch
den vollen mond
in dem der böse wolf
drin wohnt
schon landet es
25 am nächsten halt
dem fliegenpilz in omas wald

Arne Rautenberg

 Was geschieht, wenn Rotkäppchen im U-Boot fährt?

Die drei kleinen Schweinchen

Es war einmal eine Schweinemutter, die sprach zu ihren drei Kindern: „Ihr seid nun groß genug. Sucht euch einen schönen Platz auf der Welt und baut euch eigene Häuser!"

Das erste Schweinchen war ziemlich faul. Es hatte eigentlich keine Lust,
5 sich ein eigenes Haus zu bauen. Doch es kam auf die Idee, einige seiner Borsten gegen Stroh einzutauschen. Und hast-du-nicht-gesehen war es mit seinem Häuschen fertig! Das zweite Schweinchen tauschte einige seiner Borsten gegen Holz ein und baute – was etwas mehr Mühe machte – ein Holzhaus. Das dritte Schweinchen, das sehr schlau war, baute ein
10 schönes und stabiles Haus aus Ziegelsteinen und war sehr stolz darauf.

So lebten die drei Schweinchen eine ganze Weile glücklich und zufrieden – jedes in seinem Haus. Doch der böse Wolf hatte großen Hunger und wollte die Schweinchen fressen. So stand er eines Tages vor der Tür des Strohhauses und rief: „Kleines Schwein, lass mich herein!" „Aber nein, aber nein!",
15 antwortete das kleine Schweinchen zitternd vor Angst. „So will ich husten, prusten und dir dein Haus zusammenpusten!", brüllte der Wolf. Und er holte tief Luft und pustete, bis das Strohhaus zusammenfiel. Das kleine Schweinchen rannte, so schnell es konnte, in das Holzhaus. Doch schon stand der Wolf auch vor dessen Tür und brüllte: „Kleines Schwein, lass mich herein.
20 Sonst will ich husten, prusten und dir dein Haus zusammenpusten!"
Die beiden Schweinchen zitterten, aber sie öffneten die Tür nicht. Und so pustete der Wolf wieder, bis auch dieses Haus zusammenfiel. Schnell suchten die beiden Schweinchen Schutz bei ihrem Bruder im Steinhaus. Doch kaum hatten sie die Tür geschlossen, so hörten sie wieder die Stimme des bösen
25 Wolfes: „Lasst mich herein! Sonst will ich husten, prusten und das Haus zusammenpusten!" Und er hustete und pustete – doch das Haus aus Stein hielt stand! „Na wartet!", dachte er Wolf grimmig. Er holte eine Leiter, um über den Kamin in das Haus zu gelangen. Doch leider war der Kamin so eng, dass der Wolf im Schacht steckenblieb. So nahm sein Leben bedauerlicherweise ein
30 sehr trauriges Ende. Die Schweinchen jedoch konnten fortan in Frieden leben. Allerdings haben sie noch zwei weitere Steinhäuser gebaut – denn:
Sicher ist sicher …

Martina Schramm

⭐ Der Wolf und die sieben Geißlein

Mutter geht.
Wolf steht
auf der Lauer,
ziemlich sauer.
5 Geißlein sagen: „Nein,
wir lassen dich nicht rein.
Mutter hat's verboten!"
Wolf mit weißen Pfoten
spricht ganz gemein:
10 „Bin's Mütterlein!"

So öffnen ihm die Geißenjungen
und werden sogleich vom Wolf
verschlungen.
Großes Geschrei.
15 Alles vorbei.
Moral:
Ein Wolf bleibt ein Wolf, denke daran,
hat er auch weiße Handschuh an.

Rolf Krenzer

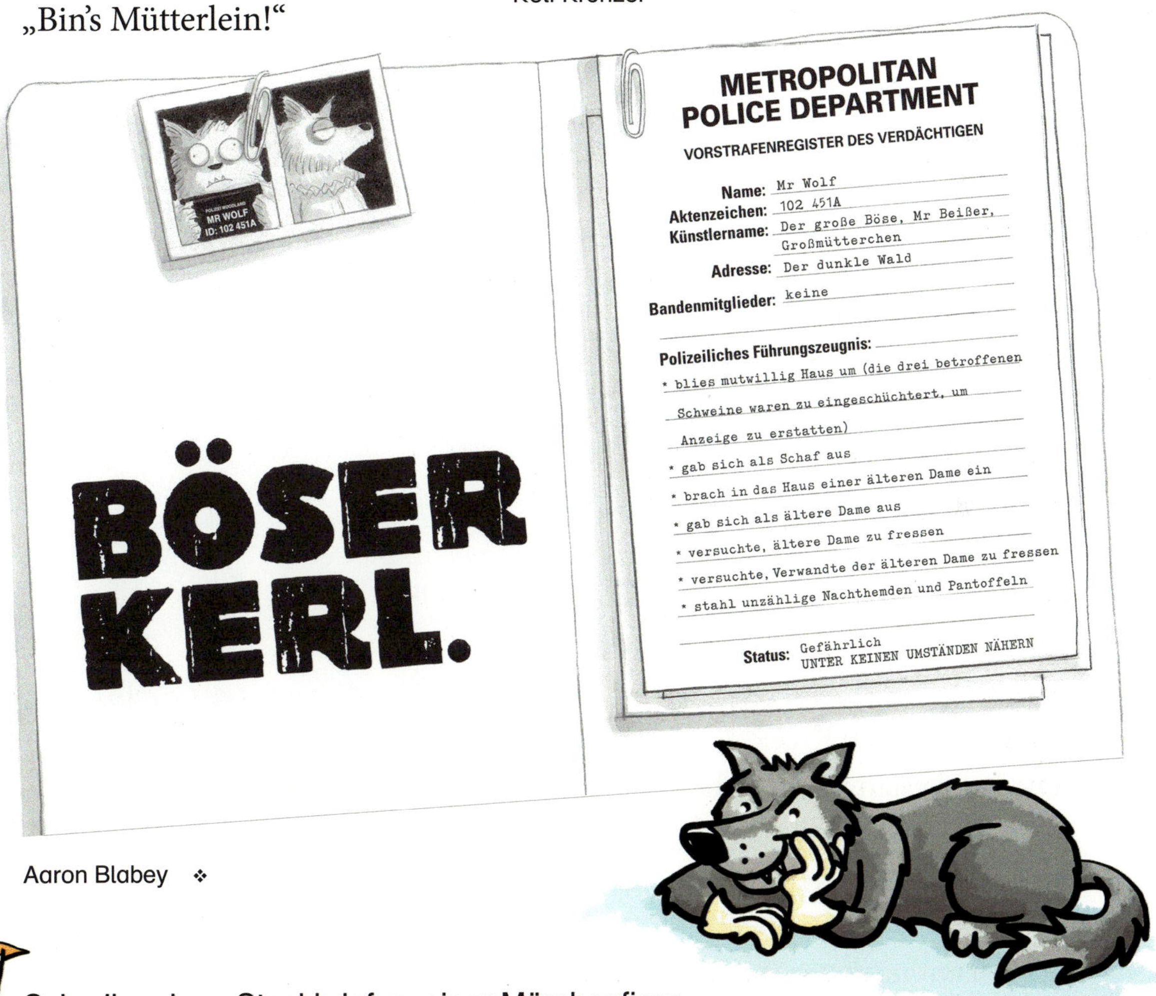

⭐ **BÖSER KERL.**

METROPOLITAN POLICE DEPARTMENT
VORSTRAFENREGISTER DES VERDÄCHTIGEN

Name: Mr Wolf
Aktenzeichen: 102 451A
Künstlername: Der große Böse, Mr Beißer, Großmütterchen
Adresse: Der dunkle Wald
Bandenmitglieder: keine

Polizeiliches Führungszeugnis:
* blies mutwillig Haus um (die drei betroffenen Schweine waren zu eingeschüchtert, um Anzeige zu erstatten)
* gab sich als Schaf aus
* brach in das Haus einer älteren Dame ein
* gab sich als ältere Dame aus
* versuchte, ältere Dame zu fressen
* versuchte, Verwandte der älteren Dame zu fressen
* stahl unzählige Nachthemden und Pantoffeln

Status: Gefährlich
UNTER KEINEN UMSTÄNDEN NÄHERN

Aaron Blabey ❖

Schreibe einen Steckbrief zu einer Märchenfigur.
Lass den Namen zunächst weg und lass ein anderes Kind raten,
wer gemeint ist.

Aus Märchen, Fabeln und Sagen

⭐ Die zwölfte Pille

Seit Wochen war die Prinzessin krank. Sie lag mit hohem Fieber im Bett, und weder Aspirin* noch Essigsocken* nützten etwas. Die Ärzte kratzten sich in den Haaren, der König und die Königin gingen seufzend durchs Schloss. Da kam eine gute Fee und brachte der Prinzessin ein
5 Schächtelchen mit zwölf Pillen.

„Wenn du jeden Tag eine davon nimmst, bist du in elf Tagen wieder gesund", sagte die Fee.
„Hüte dich aber,
10 die zwölfte Pille
zu schlucken,
es würde dir Unglück
bringen."

Die Prinzessin nahm jeden Tag eine Pille, und jeden Tag ging das Fieber
15 etwas zurück. Nach zehn Tagen hatte sie nur noch 37,1, und nach der elften Pille war die Prinzessin wieder gesund.

Als sie am nächsten Tag das Schächtelchen wegwerfen sollte, klapperte die letzte Pille so fröhlich darin herum, dass die Prinzessin plötzlich eine unerklärliche Lust verspürte, diese auch noch einzunehmen.

20 „Ach was", dachte sie, „die Fee ist ja schon lang nicht mehr da", und holla schluckte sie die zwölfte Pille hinunter.

Da verdunkelte sich der Himmel über dem Schloss, im ganzen Königreich stürzten die Kirchenglocken von den Türmen, die Schafe fielen tot um und die U-Bahnen sprangen aus ihren Geleisen.
25 Dann sank das ganze Land in einen tiefen Schlaf, der elf Jahre dauerte.

Im zwölften Jahr kam ein Prinz aus dem Nachbarland, der die Verkehrsprobleme des Königreichs studieren wollte. Er schlug sich mit dem Schwert einen Zugang durch die Dornen zur U-Bahn-Station, küsste einen umgestürzten Wagen,
30 und sogleich sprangen die Züge wieder in die Schienen, die Schafe standen auf und weideten weiter, die Glocken flogen wieder in die Kirchtürme und begannen zu läuten, und die Prinzessin rieb sich erstaunt die Augen und fragte: „Ist es schon Morgen?"

Leider war der Prinz schon verheiratet, und es kam nicht
35 zur erwarteten Hochzeit. Die Prinzessin aber machte ein Studium als Apothekerin und übernahm später die Schloss-Apotheke. Sie war begeistert von ihrem Beruf und genoss das Vertrauen der Kundschaft und der Krankenkassen. Das Einzige, was ihr etwas Mühe bereitete, war das Entfernen der letzten Pille
40 aus den Zwölferpackungen, aber das machte sie immer selbst, unter allen Umständen.

Franz Hohler

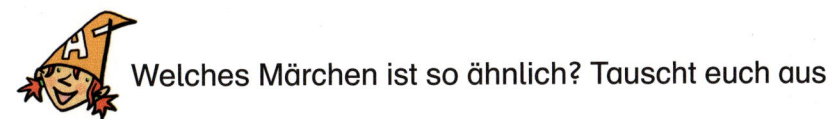

Welches Märchen ist so ähnlich? Tauscht euch aus.

✨ Der Simulant*

Ein Bär trat einmal einem Hasen auf das Hühnerauge.

„Au! Au!", jammerte der Hase. „Hilfe! Ich sterbe."

Der gutmütige Bär erschrak. Der Hase tat ihm leid.

„Verzeih bitte! Ich habe es nicht absichtlich getan. Es war ein reiner Zufall,
5 dass ich dir auf den Fuß getreten bin."

„Was habe ich von deinen Entschuldigungen?", stöhnte der Hase.

„Jetzt habe ich kein Bein mehr. Wie werde ich nun noch hüpfen?"

Der Bär nahm den Hasen und trug ihn zu sich in seine Höhle,
bettete ihn auf seiner Pritsche und verband dem Hasen die Pfote.

10 „Au! Au!", schrie der Hase noch gellender als zuvor, obwohl ihm die Pfote
in Wirklichkeit gar nicht so weh tat. „Au! Au! Gleich sterbe ich!"

Der Bär pflegte den Hasen, gab ihm Speise und Trank.
Wenn er am Morgen erwachte, war seine erste Frage:
„Nun, was macht die Pfote, Scheeler? Tut sie noch weh?"

15 „Und wie!", antwortete der Hase. „Gestern schien es etwas besser
zu werden, doch heute reißt es derartig, dass ich überhaupt nicht
aufstehen kann."

Sobald der Bär jedoch in den Wald ging, riss der Hase den Verband
vom Fuß, sprang in der Höhle herum und sang aus vollem Halse:

20 *„Mischa gibt mir Speis und Trank,*
hab ihn übers Ohr gehauen,
tue so, als sei ich krank,
er ist dumm, man kann ihm trauen."

Vor lauter Nichtstun wurde der Hase faul und träge,
25 launisch und brummig. „Warum bringst du mir nur
Mohrrüben zu essen?", fuhr er den Bären an. „Gestern Mohrrüben,
heute schon wieder Mohrrüben! Erst hast du mich zum Krüppel gemacht,
und jetzt lässt du mich Hungers sterben. Ich will süße Birnen mit Honig!"

Der Bär machte sich auf, Honig und Birnen zu suchen.
30 Unterwegs traf er einen Fuchs.
„Wohin so eilig, Mischa? Warum so besorgt?"

„Bin auf der Suche nach Honig und Birnen",
antwortete der Bär und erzählte dem Fuchs die ganze Geschichte.
„Du bist auf dem falschen Wege", sagte der Fuchs. „Zu einem
35 Arzt musst du gehen."
„Und wo findet man einen?", fragte der Bär.
„Warum lange suchen?", antwortete der Fuchs. „Weißt du
denn nicht, dass ich schon den zweiten Monat
in einem Krankenhaus arbeite? Bringe mich zum Hasen,
40 ich stelle ihn schnell wieder auf die Beine."

Der Bär führte den Fuchs in seine Höhle.
Der Hase erblickte den Fuchs. Zitterte.
Der Fuchs betrachtete den Hasen und sagte: „Deine Sache steht
schlecht, Mischa. Sieh doch, wie er fiebert. Ich werde ihn mit
45 zu mir ins Krankenhaus nehmen. Wir haben dort einen Wolf,
der ist ein großer Spezialist für Beinleiden."

Im Nu war der Hase aus der Höhle verschwunden.
„Schau, wie gesund er ist!", sagte der Fuchs. „Hättest du
ihn lieber gefressen."
50 „Man lernt nie aus! Außerdem fresse ich keine Hasen!", antwortete
der gutmütige Bär und wälzte sich auf seine Pritsche*, um endlich
mal richtig auszuschlafen, denn die ganze Zeit, während der Hase
bei ihm lebte, hatte er auf dem Boden sein Lager gehabt.

Sergej Michalkow

Spielt das Märchen nach. Überlegt vorher, wer
mitspielen soll und welche Gegenstände ihr braucht.

Aus Märchen, Fabeln und Sagen

⭐ Was der Esel nicht verstehen kann

Ein Esel sah, wie sein Herr sich freute, wenn der Hund
zu ihm kam, an ihm hochsprang und bellte.
Weil auch der Esel an seinem Herrn hing, lief er eines Tages
wie der Hund zu ihm, stellte sich auf seine Hinterhufe und
5 trommelte mit den vorderen Hufen auf den Herrn los.
Dabei stieß er ein Geschrei aus, das durch Mark und Bein drang.
„Was fällt dir ein!", fuhr der Herr den Esel an. Und ein Junge kam
mit einem Stock und trieb den Esel weg.
„Wie ungerecht geht es auf der Welt zu!", klagte der Esel.
10 „Dem einen nimmt man übel, was beim anderen gelobt wird."

Äsop

⭐ Mücke und Löwe

Eine Mücke und ein Löwe
hatten miteinander Krach.
Schließlich – denkt euch –
floh der Löwe,
5 weil die Mücke ihn so stach.

„Ich bin Sieger!", rief die Mücke,
stolz entfloh sie und vergaß,
auf ein Spinnennetz zu achten,
wo sie bald die Spinne fraß.

10 Manchen gibt's, der montags siegt
und am Dienstag unterliegt.

James Krüss

Die Taube und die Ameise

Die Taube sah, wie die Ameise in einem Bach zappelte
und das Ufer nicht erreichen konnte.
Da warf sie einen Grashalm in den Bach.
Auf den kroch die Ameise und paddelte ans Ufer.
5 Bald darauf sah die Ameise, wie ein barfüßiger Bursche
die Taube mit Pfeil und Bogen erlegen wollte.
Sie stach den Burschen in die Ferse.
Der schrie auf, ließ den Pfeil fallen und die Taube konnte
davonfliegen.

Jean de La Fontaine

Fink und Frosch

Im Apfelbaume pfeift der Fink
sein: pinkepink!
Ein Laubfrosch klettert mühsam nach
bis auf des Baumes Blätterdach.
5 Und bläht sich auf und quackt: „Ja ja!
Herr Nachbar, ick bin och noch da!"

Und wie der Vogel frisch und süß
sein Frühlingslied erklingen ließ,
gleich muss der Frosch in rauen Tönen
10 den Schusterbass* dazwischen dröhnen.

„Juchheija heija!", spricht der Fink.
„Fort flieg ich flink!"
Und schwingt sich in die Lüfte hoch.

„Wat!", ruft der Frosch,
15 „dat kann ick och!"
Macht einen ungeschickten Satz*,
fällt auf den harten Gartenplatz,
ist platt, wie man die Kuchen backt,
und hat für ewig ausgequackt.

20 Wenn einer, der mit Mühe kaum
geklettert ist auf einen Baum,
schon meint, dass er ein Vogel wär,
so irrt sich der.

Wilhelm Busch

 Erkläre einem Partnerkind mit eigenen
Worten, was die letzte Strophe bedeutet.

Aus Märchen, Fabeln und Sagen

Die Stadtmaus und die Feldmaus

Eines Tages lud die Feldmaus ihre Bekannte, die Stadtmaus, zu Gast und wählte aus ihrer Vorratskammer das Beste, was sie besaß: Getreidekörner und Gerstensamen, Nüsse, Eicheln, wilde Beeren und wohlschmeckende Blumenstängel. Die Stadtmaus jedoch rümpfte die Nase und meinte:
5 „Wie kann man dieses Zeug fressen! Wie kann man überhaupt in solchem Loch hausen! Komm einmal zu mir! Ich werde dir einige der Vergnügungen und Annehmlichkeiten des Stadtlebens zeigen."

Die Feldmaus war neugierig und ging gleich mit; sie war auch sehr beeindruckt von dem städtischen Haus, in dem ihre Bekannte hauste,
10 von dessen Größe und Ausstattung. „Ich werde dir alles am kommenden Morgen in Ruhe zeigen", sagte die Stadtmaus stolz, „aber fürs Erste wollen wir es uns bequem machen. Ich werde dir nachher ein schönes Festmahl servieren …"

Als es dunkel wurde, schlichen sie leise in die Küche. Die Hausbewohner
15 waren ausgegangen, aber sie hatten ein üppiges Mahl übrig gelassen: Kuchenreste, Speckschwarten, Käserinden, Kartoffelschalen, Butter, Wurstpelle und Wein, der in den Gläsern stehen geblieben war.
Die Feldmaus war entzückt.
Gerade, als sie sich über ihr Festmahl hermachen wollten, kam etwas
20 Schreckliches auf sie zu: die große Hauskatze, die mit fletschenden Zähnen und spitzen Krallen durch die Tür sprang. Mit Mühe und Not retteten sich die beiden Mäuse in eine Ritze.

Als die Feldmaus am andern Morgen Abschied nahm, sagte sie zur Stadtmaus: „Du hast eine schöne Wohnung und sehr gutes Fressen.
25 Aber ich für meinen Teil ziehe meinen trockenen Samen und mein sicheres Loch in der Erde vor."

Besser bescheiden und unbedroht
als üppig in Angst und Todesnot.

Äsop

Das kranke Kaninchen

Das Kaninchen war so erkältet, dass es fast nichts mehr riechen konnte. Und seine Augen tränten so sehr, dass es auch fast nichts mehr sehen konnte. Es wollte sich aus seinem Bau ein Taschentuch holen, doch da es so schlecht
5   sehen konnte, lief es in die falsche Richtung, und da es so schlecht riechen konnte, roch es den Fuchs nicht, kroch versehentlich in dessen Bau und schnäuzte sich die Nase in einem Geschirrhandtuch. Dann legte es sich ins Bett, um zu schlafen.

10 Im Bett lag natürlich der Fuchs. Er schlief schon längst, denn er war an diesem Abend besonders müde gewesen. Als sich das Kaninchen an ihn kuschelte, schreckte er hoch – und traute seinen Augen nicht. Er betrachtete die langen Ohren, das zarte Fell und das rosa Näschen, das sich an ihn schmiegte.
15 „Das wird leider nur ein schöner Traum sein", dachte er schlaftrunken. „Ich bin ja nicht blöd."

Er drehte sich auf die andere Seite und schlief weiter. Nach ein paar Stunden wachte das Kaninchen auf. Der Schnupfen war nun etwas besser.
20 Es rieb sich die Augen und blickte sich um. Als es den Fuchs entdeckte, erschrak es fast zu Tode! Leise und vorsichtig kletterte es aus dem Bett und hoppelte, so schnell es konnte, ins Freie.

Wenig später erwachte der Fuchs ebenfalls.
Ohne Kaninchen, ganz allein.
25 „Dachte ich's mir doch", murmelte er. Dann musste er niesen.

Jens Rassmus

 Finde eine andere Überschrift für den Text.

Der Ulmer Spatz

Anno dazumal vor vielen Jahren
ist den Ulmern Folgendes widerfahren:
Zu allerlei Bauten in der Stadt
man Rüst- und Bauholz nötig hat',
5 doch wollt es den Leuten nicht gelingen,
die Balken durchs Tor hereinzubringen,
und doch war reiflich die Sach' überlegt,
das Holz in die Quer' auf den Wagen gelegt;
das Tor war zu eng, die Balken zu lang,
10 dem Stadtbaumeister ward angst und bang.

Viel gab es hin und her zu sprechen,
und ungeheures Kopfzerbrechen.
Ja, selbst der hohe Magistrat*
wusste für diesen Fall nicht Rat.
15 Er mochte in alle Bücher sehen,
der Casus* war nirgends vorgesehen,
der Bürgermeister selbst sogar
hier ausnahmsweise ratlos war.
Ihn, der doch alles am besten weiß,
20 machte die Sache entsetzlich heiß.

Und stündlich wuchs die Verlegenheit.
Da begab sich eine Begebenheit:
Von den Klügsten einer ein Spätzlein schauet,
das oben am Turm sein Nestlein bauet,
25 und einen Halm, der sich in die Quer'
gelegt hat vor sein Nestchen her,
mit dem Schnäblein – und das war nicht dumm –
an der Spitze wendet zum Nest herum.
„Das könnte man", ruft der Mann mit Lachen,
30 „mit dem Balken am Tore ja auch so machen!"

Man probiert's und es ging. – Den guten Gedanken
hatten die Ulmer dem Spätzlein zu danken:
Sie stünden wohl heute noch an dem Tor
mit dem balkenbeladenen Wagen davor.
35 Oder hätten, ohne des Spätzleins Wissen,
gar den Turm auf den Abbruch verkaufen müssen.
Zum Danke dem Spatzen ist heut noch zu schauen
hoch am Münster* sein Bild in Stein gehauen.
Auch seitdem beim echten Ulmerkind
40 die Lieblingsspeise „Spätzle" sind.

Text nach Carl Hertzog (1842)

Die Zwerge vom Goldberg

In Hagen gibt es eine Höhle in einem Berg, den die Menschen „Goldberg" nennen. Dort lebten vor langer langer Zeit Zwerge, die den Menschen gerne und oft bei ihrer Arbeit halfen. Heimlich natürlich!
So gingen sie beispielsweise in der Nacht in die Schmiede, entfachten
5 das Feuer neu und schmiedeten Schwerter, Messer und Sensen von so hoher Qualität, wie man sie kaum je woanders fand.
Natürlich freuten sich Hagens Schmiede über diese ungewöhnliche Hilfe, denn die Dinge, die die Zwerge fertigten, waren viel besser hergestellt als ihre eigenen Sachen und so konnten sie sie auch
10 für einen höheren Preis verkaufen. Doch wie es so oft ist, irgendwann wollten die Schmiede mehr, waren mit der Arbeit der Zwerge alleine nicht mehr zufrieden. Denn die Schmiede wussten, dass die Zwerge Hüter eines sagenhaften Goldschatzes waren – und in dessen Besitz wollten sie natürlich kommen.
15 Eines Nachts lauerten sie deshalb den Zwergen in ihrer Werkstatt auf und nahmen den letzten, der nach getaner Arbeit den Raum verlassen wollte, gefangen. Der Zwerg flehte die Schmiede an, ihn freizulassen. Er versprach, sie zur Höhle mit dem Goldschatz zu führen und sie reich zu beschenken. Seine einzige Bedingung:
20 In der Höhle dürfte niemand streiten oder sprechen. Natürlich versprachen die Schmiede alles, um in den Besitz des Goldes zu kommen. Doch kaum hatten sie den unermesslichen Schatz mit eigenen Augen erblickt, begannen sie zu zanken und zergeln*, zu streiten und zu schreien. Jeder wollte den größten Anteil bekommen!
25 Da ließ der Zwerg die Decke der Höhle einstürzen.
Die Gesteinsmassen begruben die Schmiede unter sich, sie alle starben, weil sie nicht Maß halten konnten.
Die Zwerge aber hat seitdem niemals jemand mehr gesehen.

nacherzählt von Martina Meier

Wie die Schildbürger Bäume fällten und in ihre Stadt rollen ließen

Die Schildbürger bewohnten eine schöne Stadt, die hieß Schilda. Diese Stadt war von einer hohen Mauer umgeben. Schwalben segelten um die spitzen Dächer. In den Gassen gackerten Hühner und grunzten Schweine. Die Menschen waren wohlhabend und zufrieden.
5 Sie meinten: „Eine schöne Stadt muss auch gut verwaltet werden. Eine gute Verwaltung braucht ein schönes Rathaus. Wir wollen uns ein Rathaus bauen."

Der Stadtwald von Schilda lag in einem Tal. Um dorthin zu kommen, musste man über einen Berg steigen. In aller Morgenfrühe zogen die
10 Schildbürger durch ihr Stadttor. Sie hatten Sägen bei sich, trugen Seile und schulterten Äxte. Sie kraxelten den Berg im Westen hinauf und rutschten auf der anderen Seite im Osten wieder hinab.

Als sie in ihrem Wald angekommen waren, machten sie sich gleich ans Werk. Sie sägten die Stämme durch und trieben Keile in die
15 Schnittstellen. Sie warfen die festen Seile um die Wipfel und zogen mit aller Kraft, bis die Bäume niederbrachen, sie schlugen die Äste ab und schälten die Rinden. Ihr Schweiß rann in Strömen. Aber da lagen die Baumstämme hell und glatt in der Mittagssonne.

Und die Schildbürger legten eine Pause ein, aßen und tranken
20 und waren guter Dinge. Sie freuten sich. Die Stämme sahen nun fast aus wie Pfeile – nur natürlich: wie riesengroße Pfeile.

„Wenn wir nur einen sehr großen Bogen hätten! Dann könnten wir sie in die Stadt schießen", seufzte einer. Sie spürten ja bereits ihre Knochen. „Wir haben aber keinen so großen Bogen und auch keine so große
25 Armbrust", antwortete ein anderer. Aber das machte eigentlich auch wieder nichts, denn wer hätte schon die Kraft gehabt, einen so großen Bogen oder eine so große Armbrust zu spannen? Keiner!

Das sahen alle ein. Also blieb ihnen nichts anderes übrig, als die Baumstämme den Berg im Osten hinauf- und auf der anderen Seite im Westen wieder hinabzuziehen. Sie befestigten ihre Seile daran und schleppten und zogen. Sie schleiften und zerrten. Sie brauchten viel Kraft und sehr viel Mühe. Da vergossen sie viele Schweißtropfen.

Endlich war nur noch ein Baumstamm unten. Auch diesen schleppten sie den Berg im Osten hinauf. Oben schimmerte er hell in der Nachmittagssonne. Und es war nur ein Zufall, dass er sich löste und sich von alleine in Bewegung setzte. Er rollte den ganzen Abhang im Westen hinunter. Da lag er dann neben all den anderen, die sie mühsam hinabgeschleift hatten.

„Was für Toren* wir doch waren", riefen die Schildbürger. „Die Baumstämme rollen doch wunderbar ganz von selbst den Berg hinab!" „Ja, wir waren Toren, aber das lässt sich doch wieder ändern", meinten andere. „Fehler sind dazu da, dass man sie berichtigt. Glücklicherweise sind die Stämme ja noch nicht in der Stadt. Packt an! Zurück, marsch, marsch!"

Mit unendlicher Mühe und unendlich vielen Schweißtropfen zerrten sie alle Baumstämme den Abhang im Westen wieder hinauf. Die Schildbürger waren am Ende ihrer Kräfte, als sie endlich in der untergehenden Sonne wieder oben lagen. Am liebsten hätten sie sich gleich dazugelegt und sich ausgeschlafen. Aber die Arbeit war noch nicht getan. Jetzt mussten die Baumstämme ja wieder den Berg hinabgerollt werden. Hei, wie das polterte. Als der Mond aufging, war es geschafft. Und die Schildbürger freuten sich.

„Wie gescheit wir doch sind", riefen sie und fanden, dass es der Mühe wert gewesen war. Mit schmerzenden Knochen und krummen Rücken zogen sie heim, durch ihr Stadttor. Da war es schon Nacht.

Max Kruse

Aus Märchen, Fabeln und Sagen

Wie Till Eulenspiegel vom Balkon flog

Till Eulenspiegel lebte vermutlich vor 700 Jahren. Von ihm erzählen viele Geschichten. Er zog durchs Land und spielte seinen Mitmenschen viele Streiche, indem er ihre Aussagen wortwörtlich nahm. Till Eulenspiegel war viel schlauer als die meisten Leute und so glaubten sie ihm.

Till Eulenspiegel wuchs, er wurde größer und pfiffiger. Einmal kam er in die Stadt Magdeburg, wo er die Leute mit seinen Geschichten unterhielt. Bald war er so bekannt wie ein Hund mit zwei Köpfen. Und er merkte, dass man ihm alles glaubte, mochte
5 er auch noch so dick auftragen.

Euch will ich eine kleine Lehre geben, dachte er.
Er zog durch die Straßen und verkündete so laut wie ein Marktschreier: „Um zwölf Uhr Mittag, wenn die Glocken läuten, werde ich vom Balkon des Rathauses hinabfliegen." Der Balkon war aber gut und gern so
10 hoch wie fünf aufeinanderstehende Männer. Wer da herunterfiel, brach sich also entweder die Beine oder das Genick. Denn damals gab es ja weder Fallschirme noch Flugzeuge.

Trotzdem glaubten die Leute dem Eulenspiegel, wie sie überhaupt gern alles Verrückte für wahr nahmen. Sie liefen vor dem Rathaus
15 zusammen. Dort starrten sie neugierig und atemlos empor, um nur ja das wundersame Geschehnis nicht zu versäumen. Keiner von ihnen hatte schon einmal gesehen, dass ein Mensch wie ein Vogel durch die Luft flog. Sie warteten auf das Läuten.
Till Eulenspiegel stieg im Rathaus die Treppe empor. Er stellte
20 sich auf das breite Geländer der Terrasse. Als die Glocken klangen und schallten, bewegte er die Arme auf und ab, wie Vogelflügel. Sonst aber geschah nichts.

Dann zeigte er seinen leichtgläubigen Mitbürgern eine lange Nase.
Sie murrten und drohten mit den Fäusten zu ihm hinauf: „Nun flieg
25 oder wir schlagen dich windelweich!"

Till Eulenspiegel brüllte hinab: „Ich dachte schon, es gäbe außer
mir keinen Narren auf der Welt. Aber heute sehe ich, dass die ganze
Stadt voll davon ist. Denn wenn ihr mir auch hoch und heilig
geschworen hättet, dass ihr fliegen könntet wie Tauben oder Schwalben:
30 Ich hätte euch doch nicht geglaubt. Ihr aber haltet alles für bare Münze,
was ich euch erzähle. Warum glaubt ihr einem Schelm wie mir?
Wie sollte ich wohl fliegen können, da ich doch weder eine Gans
noch ein Sperling bin und überhaupt nicht eine einzige Feder habe!"
Er kehrte rasch ins Rathaus zurück und sprang die Treppe hinab.
35 Durch den Hinterausgang machte er sich aus dem Staub. Er wollte ja
nicht verprügelt werden.

Die Leute aber ärgerten sich. Doch schließlich waren sie verständig
und meinten: „Eigentlich hat er ja recht und daran sieht man, dass er
doch kein so großer Narr ist, wie er selber vorgibt."

Max Kruse

Kläre, was dieser Ausdruck bedeutet:
Etwas für bare Münze nehmen. Schlage in einem
Lexikon nach, wenn du es nicht weißt.

Momos, der Gott des Tadelns und des Nörgelns

Eine der ersten griechischen Göttinnen war Nyx, die Göttin der Nacht. Sie entstand aus dem Urchaos, zusammen mit der Erde Gaia und der Finsternis Tartaros.

Nyx, die Göttin der Nacht, hatte mehrere mächtige Kinder:
5 Thanatos, den Tod, Hypnos, den Schlaf, Hemera, den Tag, Aither, die Luft, und auch Momos, den Gott des Tadelns und des Nörgelns. Alle ihre Kinder brachte Nyx zur Welt, ohne jemals einen Mann oder Geliebten gehabt zu haben. Sie liebte es, in der Dunkelheit allein zu sein.

10 Ihre Kinder waren immer in ihrer Nähe: der Tag, die Luft, der Schlaf und der Tod. Auch Momos, der Gott des Tadelns und des Nörgelns, der allen auf die Nerven ging. Sein ewiges Nörgeln war auch für die Götter schwer zu ertragen. Sie machten einen großen Bogen um ihn, wenn sie ihn von Weitem sahen. Darüber ärgerte sich Momos schwarz. Er, der Gott des Tadelns, brauchte
15 ständig jemanden, den er tadeln konnte. Sonst fühlte er sich wie ein Durstiger, der kein Wasser findet und vor Durst stirbt.

Momos war sich immer ganz sicher, er wusste alles besser. Nur wollte niemand seine ständigen Ratschläge hören.
Darum war er sehr oft schlechter Laune.
20 Ich könnte alles auf der Welt viel besser machen, dachte er. Aber leider habe ich nicht Zeus' Macht, die Dinge zu verändern und zu verbessern. Alles ist ungerecht und schlecht.

Einmal stand Momos vor einer Wiese mit grasenden Rindern.
Er schaute sich die Tiere an und sagte laut: „Wieder entdecke ich einen Fehler.
25 Wieder einen Fehler! Zeus hat euch erschaffen, ohne sich die Sache richtig zu überlegen. Warum fragt mich keiner? Warum?"
Zeus war in der Nähe und hörte diese Worte. Er zeigte sich vor Momos und fragte: „Was höre ich, Momos? Du hast wieder einen Fehler entdeckt? Einen Fehler bei diesen prächtigen Rindern? Was für einen Fehler? Zeig ihn mir!"

30 „Ich möchte dich nicht kränken, Zeus, aber bei der Erschaffung der Rinder ist dir ein grober Fehler unterlaufen. Ich möchte dich aber nicht kränken."

„Zeig mir den Fehler."

„Du hast den Rindern Hörner geschenkt. Mächtige, schwere
35 Hörner."

„Gefallen dir die Hörner nicht?"

„Ganz im Gegenteil. Aber überlege, Zeus, du hast die schweren Hörner auf ihren Köpfen wachsen lassen. Jetzt müssen die armen Tiere mit gesenktem Kopf gehen. Wo aber ist ein Rind am stärksten?
40 Auf dem Rücken! Dort hättest du die Hörner wachsen lassen sollen."

Zeus fragte verärgert: „Auf dem Rücken?"

„Ja! Auf dem Rücken! Das ist der Fehler, der dir unterlaufen ist."

„Mein lieber Momos", sagte Zeus, „du täuschst dich sehr. Und ich werde es dir beweisen. Ich schenke dir jetzt zwei große Hörner.
45 Und du sollst sie die nächsten hundert Jahre auf deinem Rücken tragen." Sofort wuchsen Momos zwei mächtige Hörner auf dem Rücken. Momos musste sich nach vorne beugen, damit er nicht nach hinten kippte.

„Zeus, warte, es war nicht so gemeint", rief Momos entsetzt.
50 Aber Zeus war verschwunden.

Er war auch nirgendwo zu finden.

So musste Momos hundert Jahre lang

die Hörner auf seinem Rücken tragen.

Seinen Fehler hatte er eingesehen, aber es war zu spät.
55 Auch ein Gott des Tadelns tadelt nicht den Göttervater Zeus.

Dimiter Inkiow

 Welche griechischen Götter kennst du noch? Informiere dich und beschreibe ihre „Aufgabe".

Aus Märchen, Fabeln und Sagen

Die Sphinx und ihr schreckliches Rätsel

Die Götter des Olymp* passten sehr genau auf, dass die Menschen nichts Unrechtes taten. Die göttlichen Gesetze durfte niemand ungestraft verletzen.

Als Laios, der König von Theben, den Sohn des König Pelops von Pisa entführte und nach Theben brachte, war Göttin Hera, die Beschützerin der Familie, sehr erbost. Als Strafe schickte sie ein Ungeheuer, die Sphinx, nach Theben. Die Sphinx war eine riesengroße geflügelte Löwin mit einem menschlichen Kopf und schrecklichen Krallen. Sie konnte reden, war aber meistens sehr schweigsam.

Die Sphinx ließ sich auf einem Felsen vor dem Tore der Stadt Theben nieder. Dort blieb sie wie versteinert sitzen. Zuerst dachten die Leute, sie sei eine schöne Statue. Aber sie wurden eines Besseren belehrt. Wenn jemand an ihr vorüberging, wurde die Sphinx plötzlich lebendig. Sie erhob sich, breitete ihre Flügel aus und sagte mit mächtiger Stimme: „Warte, ich habe ein Rätsel für dich. Wenn du es erraten kannst, bist du gerettet. Dann werde ich sterben und versteinern. Wenn du es nicht errätst, werde ich dich fressen. Denn ich habe Hunger. Nun hör mir gut zu. Es geht um dein Leben. Mein Rätsel lautet: Welches lebendige Wesen auf der Erde geht am Anfang seines Lebens auf vier Beinen, dann auf zwei Beinen und am Ende auf drei Beinen und ist doch am langsamsten, wenn es auf vier Beinen geht?"

Niemand konnte diese Frage beantworten.

So wurden immer mehr und mehr Menschen von der Sphinx gefressen. Die Erde um den Felsen herum war von Blut getränkt. Bald traute sich keiner mehr nach Theben. Keiner traute sich hinein und keiner heraus. König Laios bereute seine Tat bitter. In einer tiefen, dunklen Nacht gelang es dem König, die Stadt unbemerkt zu verlassen.

Er wollte nach Delphi fahren, um das berühmte delphische Orakel*
zu befragen, wie er sein Volk vor dem Ungeheuer retten konnte.
30 Unterwegs wurde er getötet und kehrte nie zurück. Die Sphinx aber
blieb.
Der neue König hieß Kreon. Er verkündete: „Der Mensch,
der mein Volk vor der Sphinx rettet, soll mein Nachfolger sein.
Ich gebe ihm mein Reich!"
35 Viele wollten König werden. Sie versuchten, das Rätsel der Sphinx
zu lösen – und starben. Bis endlich der junge Ödipus nach Theben kam.
„Ich werde dieses Rätsel lösen", sagte er. „Zumindest werde
ich es versuchen."

Und wieder, wie Hunderte Male zuvor, erhob sich die Sphinx.
40 Sie breitete ihre Flügel aus und stellte mit mächtiger Stimme ihr
berühmtes Rätsel: „Welches lebendige Wesen auf der Erde geht
am Anfang seines Lebens auf vier Beinen, später auf zwei Beinen
und am Ende auf drei Beinen und ist doch am langsamsten, wenn
es auf vier Beinen geht?" Ödipus überlegte nicht lange: „Das ist
45 der Mensch! Am Anfang seines Lebens krabbelt er auf Händen
und Füßen. Später geht er aufrecht auf zwei Beinen. Am Ende
seines Lebens braucht er einen Stock, um gehen zu können. Das ist
sein drittes Bein."
Nach dieser Antwort setzte sich die Sphinx und
50 legte die Flügel an ihren Löwenkörper. Dann
versteinerte sie.
Noch heute kann man die Sphinx in Ägypten
neben den Pyramiden in der Wüste sitzen sehen.

Dimiter Inkiow

 Suche Ägypten und die Lage der Sphinx im Atlas.

3 Wissenswertes und Erstaunliches

 Das Zeitalter der Entdeckungen

Im 16. Jahrhundert zogen so viele europäische Entdecker in alle Himmelsrichtungen aus, dass man diese Zeit „Zeitalter der Entdecker" nennt. Die Entdecker hatten unterschiedliche Gründe für ihre Reisen: Viele wollten einfach mal aus ihrem eigenen
5   Land rauskommen und Abenteuer erleben.

Andere wollten eine wissenschaftliche Idee überprüfen. Zu ihnen gehörte Christoph Kolumbus: Er hatte in alten Büchern gelesen, dass eine Fahrt nach Asien über eine westliche Route möglich sei. Das bedeutete auch, dass die Erde rund sein musste. Mit seiner Reise
10 wollte er beweisen, dass das stimmte. Aber er wollte auch reich werden und das hatte er mit den meisten Entdeckern gemeinsam.

Höhere Gewinne und größerer Reichtum, das war auch das wichtigste Ziel der Könige, die die Entdecker losschickten. Sie wollten exotische Gewürze, Seidenstoffe und andere begehrte Waren in Asien einkaufen.
15 Bislang bekam man solche Waren nur von arabischen Händlern, die sie auf dem Landweg nach Europa brachten und sehr teuer verkauften. Die Könige wollten also einen Seeweg nach Asien finden, damit sie dort direkt und sehr viel billiger einkaufen konnten.

Das **Zeitalter der Entdecker** begann: Spanien und Portugal waren
20 die Ersten, die Entdecker losschickten. Kolumbus fuhr nach Westen und erreichte statt Asien Amerika. Danach fuhr Vasco da Gama in die andere Richtung und fand den Seeweg nach Indien um Afrika herum. Magellan suchte kurz darauf ebenfalls einen Seeweg nach Indien und fand einen Durchgang zwischen Südamerika und Feuerland.
25 Mitte des 16. Jahrhunderts brachen dann auch die ersten Entdecker aus England auf.

Die Entdecker brachten auch bisher unbekannte Pflanzen und Tiere wie Mais und Truthahn mit nach Hause, außerdem neue Ideen und Erfindungen. Ihre Reisen lohnten sich also meistens, auch wenn sie mit zahlreichen Gefahren verbunden waren.

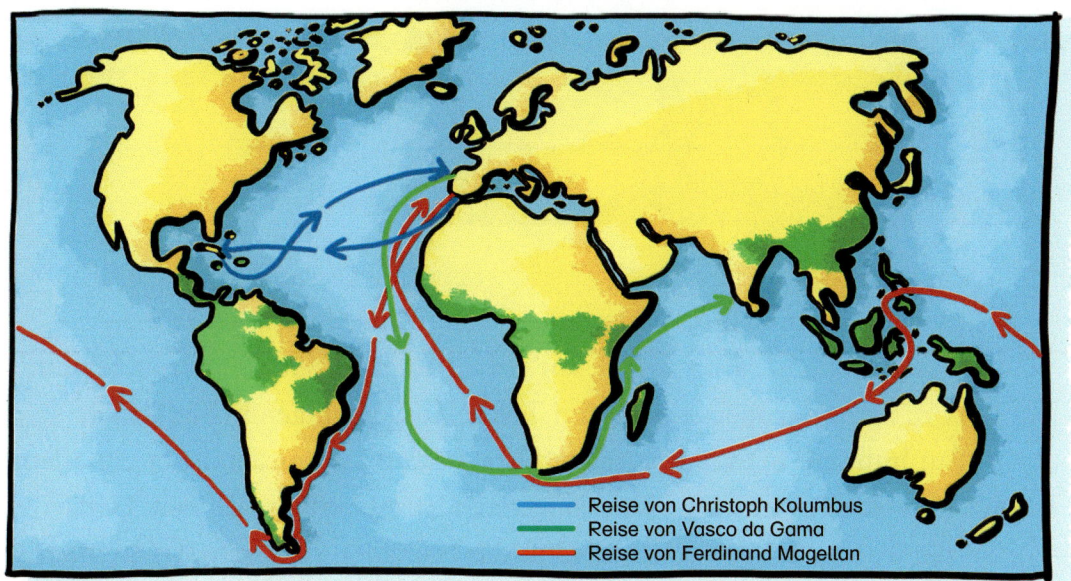

Darüber hinaus brachten die Entdecker auch unabsichtlich einiges in die neue Welt mit, was den Menschen oder der Natur schweren Schaden zufügte.

Krankheiten: Weil die amerikanischen Ureinwohner keine Abwehrkräfte gegen Masern, Grippe oder Pocken hatten, starben sie massenhaft daran. Diese Krankheiten gab es dort bislang nicht.

Eingeschleppte Tiere und Pflanzen: Pflanzen und Tiere, die die Entdecker an Bord hatten, verbreiteten sich oft so stark, dass sie die einheimischen verdrängten. So starben allein in Australien über 50 Säugetierarten aus, weil sie den eingeschleppten Ratten und Katzen nicht entkommen konnten.

Gabi Neumayer

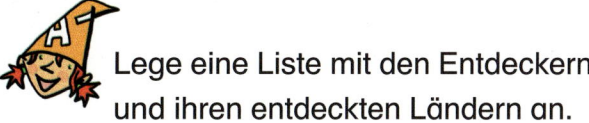

Lege eine Liste mit den Entdeckern und ihren entdeckten Ländern an.

Fragen an einen Archäologen

Steckbrief
Name: Nicholas John Conard
Alter: 56 Jahre
Beruf: Archäologe

Nicholas John Conard interessiert sich für das Leben der frühen Menschen, die, grob gesagt, vor etwa 10 000 bis 500 000 Jahren lebten. Um mehr darüber zu erfahren, hat er Ausgrabungen in Südafrika, im Iran und in Syrien durchgeführt. Bekannt geworden ist er vor allem
5 für seine Forschungen zu den ältesten Kunstwerken weltweit. Und die wurden in Deutschland gefunden, genauer in Baden-Württemberg, in Höhlen der Schwäbischen Alb: dem Vogelherd, Geißenklösterle, Hohlenstein-Stadel und Hohle Fels.

Mammut vom Vogelherd, Elfenbein, 2006 gefunden

Was fasziniert Sie an der Archäologie?
Es ist das wunderbarste Thema, das es gibt, weil wir uns mit der
10 Vergangenheit von Menschen beschäftigen. Wir Archäologen können sagen, wie es in der Vergangenheit gewesen ist. Das ist doch toll. Hinzu kommt, dass das Ganze immer auch mit Technik zu tun hat.

Wann haben Sie beschlossen, dass Sie Archäologe werden wollen?
Nachdem mir mein Onkel Peter mitgeteilt hat, dass ich nicht in
15 seinem Architekturbüro mitarbeiten kann. Da sind mir sofort die Forschungsgrabungen eingefallen, an denen ich in meiner Heimat Ohio in den USA teilgenommen habe, seit ich 15 Jahre alt war. Und da habe ich mir gedacht: Archäologie, das interessiert mich!

40 000 Jahre alt und 6 cm groß: die Venus vom Hohle Fels

Welches Wissen aus anderen Bereichen setzen Sie für Ihre Arbeit ein?

20 Ich habe neben Ur- und Frühgeschichte und Anthropologie* auch Chemie, Physik und Geologie* studiert. Was ich im naturwissenschaftlichen Bereich gelernt habe, hilft mir sehr bei meinen archäologischen Forschungen. Die Archäologie ist mir wichtiger, aber die verschiedenen Disziplinen ergänzen sich sehr gut.

Was macht einen guten Archäologen aus?

25 Intelligenz, harte Arbeit und eine gute Einstellung – also Freude an der Arbeit.

Was ist – für Sie persönlich – Ihre wichtigste Entdeckung?

Der Mini-Löwenmensch vom Hohle Fels. Weil ich den wirklich selbst gefunden, also auch zuerst in der Hand hatte.

Was Archäologen mitbringen sollten:
- Begeisterung für die Vergangenheit
- breites Wissen
- Lust am Lernen und Nachdenken
- Genauigkeit und Ausdauer
- Talent zum Zeichnen
- Freude am Reisen
- Fremdsprachenkenntnisse
- Fantasie

Woran arbeiten Sie gerade?

30 Ich leite die Ausgrabungen in der Sibudu-Höhle in Südafrika. Dort haben vor etwa 80 000 Jahren frühmoderne Menschen gelebt, die bemerkenswerte Dinge
35 hinterlassen haben: Steinwerkzeuge, Reste eines pflanzlichen Klebstoffs, Schutzmittel gegen Insekten – und vor allem sehr frühe Reste von Pfeil und Bogen.

Andrea Schaller

Hohlenstein-Stadel: In dieser Höhle der Schwäbischen Alb wurde der berühmte Löwenmensch gefunden, die 35 000 Jahre alte Figur eines Fabelwesens aus Tier und Mensch. In einer anderen Karsthöhle*, dem Hohle Fels, entdeckte Nicholas J. Conard eine ähnliche Skulptur: den Mini-Löwenmenschen.

 Was ist dein Berufswunsch? Erkläre, warum.

Wissenswertes und Erstaunliches

Die Menschen und ihre Arbeit

Warum arbeiten die Leute?

Menschen brauchen Nahrung und ein Zuhause. Um das zu bekommen, müssen sie arbeiten. In der Steinzeit haben die Menschen Nahrung in der Natur gesammelt und Tiere erlegt.

Auch heute arbeiten die Menschen für ihre Nahrung und für ihr Zuhause. Für die Arbeit bekommen sie ein Gehalt, von dem sie Essen kaufen und Rechnungen bezahlen können.

Wie sind Berufe entstanden?

Mit dem Anbau von Getreide wurde die Nahrungsbeschaffung einfacher. Man musste nicht mehr ständig in den Wald und gewann Zeit für andere Sachen.

Die Menschen lernten neue Dinge: Häuser bauen, Stoffe weben, Werkzeuge schmieden. Alles wurde selbst gemacht.

Wer gut war in seinem Handwerk, konnte seine Ergebnisse anderen geben – und bekam dafür eine Bezahlung.

Ein Mensch musste nicht mehr alles können. Es entstanden Berufe wie Schmied, Schuster und Müller.

Und wie ist es zu arbeiten?

Arbeit gibt dem Leben Inhalt. Man lernt Neues, entwickelt sich weiter und kann sich nützlich machen.

Heutzutage gibt es Millionen Berufe! Nicht einfach, schon jetzt zu wissen, was man als Erwachsener tun möchte.

Nicht alle Menschen haben eine Arbeit, obwohl sie sich eine wünschen. Sie sind arbeitslos.

Die Arbeit von Müttern oder Vätern zu Hause sind die Kinder.

Zu Hause gibt es Hausarbeit: putzen, kochen, Wäsche waschen.

Manche leisten ganz ohne Geld ehrenamtliche Arbeit.

Zu viel Arbeit macht müüüde! Erholung ist wichtig.

Die Arbeit von Kindern: spielen!

... und du kommst dann früher von der Arbeit zurück, o.k.?

Au ja! und ich bring Brot und Milch mit, guck hier!

Welche Arbeit würdest du gerne einmal machen? Tausche dich mit anderen Kindern aus.

Aino Havukainen & Sami Toivonen

Wissenswertes und Erstaunliches

Mit der Geige um die Welt

Es ist schon großartig, wenn es gelingt, das Lieblings-Hobby zum Beruf zu machen. Und noch besser ist es, wenn dieses Hobby nach Jahrzehnten immer noch so viel Spaß macht wie zu Beginn.

Gustavo Surgik ist so ein Glückpilz. Er hat es geschafft, seine Leidenschaft zur Musik zum Beruf zu machen. Er ist stellvertretender Konzertmeister im Stuttgarter Staatsorchester und spielt dort immer wieder auf dem wichtigsten Platz unter den Musikern. Am Pult ganz vorne links neben dem Dirigenten ist sein Stammplatz – dort sitzt „die erste Geige". „Als Konzertmeister ist man fast wichtiger als der Dirigent", berichtet er schmunzelnd, „das ganze Orchester schaut auf mich und folgt mir, ganz gleich, was der Dirigent vorne macht. Spiele ich falsch, spielen auch die restlichen Musiker falsch – zu schnell, zu leise oder nicht im Takt."

„Teil des Staatsorchesters Stuttgart zu sein ist schon etwas ganz Besonderes", erzählt Gustavo stolz. „Wir spielen nicht nur große Sinfonien, sondern begleiten Ballette und Opern, spielen Uraufführungen und Kammerkonzerte oder geben auch mal ein moderneres Konzert. Das heißt aber, dass wir zeitgleich mehrere Stücke perfekt können müssen. An einem Abend wird eine Oper aufgeführt, am nächsten ein Ballett und dann wieder eine Sinfonie. Für einen Konzertmeister ist das dann Schwerstarbeit. Gleichzeitig muss ich den Dirigenten, die Tänzer und die Sänger im Blick haben, damit alles nachher passt. Zu Hause heißt es dann üben, üben, üben, mindestens drei Stunden am Tag."

Der Geiger Gustavo Surgik

„Ich liebe meinen Beruf, auch wenn ich mich als kleines Kind mehr für Astronomie* interessiert habe und lieber Sousafon* spielen wollte", schwärmt der gebürtige Brasilianer. Mit acht Jahren bekam er seinen ersten Geigenunterricht. „Es hat sich einfach so ergeben, meine Mutter hat mich angemeldet und siehe da, es hat mir Spaß gemacht." Mit sechzehn Jahren belegte er bei einem internationalen Wettbewerb in Italien den dritten Platz. Jetzt stand fest: Gustavo wollte Geiger in einem bedeutenden Orchester werden.

Und er hat es geschafft! Nach einem Musikstudium in Moskau und unzähligen Auftritten mit unterschiedlichen Orchestern fand Gustavo 1997 seinen festen Platz in Stuttgart. Zudem ist er Gastprofessor an einer chinesischen Universität und unterrichtet hin und wieder an der Staatlichen Hochschule für Musik Trossingen. Das heißt, er ist auch viel unterwegs. Nicht nur mit dem gesamten Orchester, sondern auch als einzelner Gastspieler in Orchestern auf der ganzen Welt. „Mein Kollege, der Cello spielt, braucht, wenn er alleine reist, für sein Instrument einen eigenen Sitzplatz im Flugzeug. Da bin ich mit meiner Geige noch gut dran", lacht er, „mein Geigenkasten passt noch ins Gepäckfach über mir. Reisen wir als gesamtes Orchester, dann werden unsere Instrumente in besondere Transportkisten verpackt. Auf diese Weise werden die teuren Instrumente nicht beschädigt."

Wenn Gustavo von seiner liebsten Geige spricht, bekommen seine Augen einen ganz besonderen Glanz. „Ich habe vier Geigen und viele Bögen zu Hause. Mein Lieblingsinstrument ist aber meine Konzertvioline, die ich von einer Bank ausgeliehen bekommen habe. Es ist eine Tommaso Balestrieri, die 1770 in Italien gebaut wurde. Sie hat einen ganz besonderen, kräftigen und edlen Klang und spielt sich genauso schön wie eine Stradivari." Mit einem Wert von einer halben Million Euro gehört sein Instrument zu den wertvollsten im Orchester. Und mit einem Augenzwinkern fügt Gustavo hinzu: „Das Cello meines Kollegen vom selben Instrumentenbauer ist aber noch mehr wert – darum bekommt es auch immer einen extra Sitzplatz im Flugzeug."

In einem Orchester spielen viele Geiger.

Sonja Grimm

Recherchiere im Internet, was eine „Stradivari" ist.

Wie kommt der Strom in die Steckdose?

Wenn du Musik hörst, dir die Haare föhnst, ein Eis in den Gefrierschrank legst oder die Nachttischlampe anschaltest, brauchst du jedes Mal Strom. Er kommt aus der Steckdose und versorgt die angeschlossenen Geräte. Wie aber ist der Strom überhaupt bis in die Steckdose gekommen?
Strom lässt sich auf ganz unterschiedliche Art und Weise und aus ganz verschiedenen Brennstoffen oder Energieformen gewinnen.

Energie aus uralten Pflanzen

Kohle, Erdgas und Erdöl bezeichnet man als fossile Brennstoffe. „Fossil" bedeutet, dass es Überreste von Pflanzen und Tieren sind, die vor Millionen von Jahren tief in die Erde eingesunken und dort verrottet sind. Daraus entstanden die Brennstoffe. Kohle
5 kann man in einem Kohlebergwerk abbauen. Erdgas und Erdöl kann man fördern, also durch Bohrlöcher wieder nach oben pumpen. Das geht allerdings nicht unbegrenzt. Denn diese uralten Rohstoffe sind irgendwann aufgebraucht und nicht erneuerbar, das heißt,
10 sie wachsen nicht nach.

Erderwärmung
Um Energie zu gewinnen, müssen die fossilen Stoffe verbrannt werden. Dabei entstehen schädliche Gase, vor allem Kohlendioxid, kurz CO_2. Dieses Gas ist schlecht für die Umwelt. Es trägt zur weltweiten Klimaerwärmung bei.

Hier wird Erdöl nach oben gepumpt.

Solaranlagen auf einem Feld

Unerschöpfliche Energiequellen

Energie lässt sich auch an anderer Stelle in der Natur finden. Wenn du dich schon einmal in die Brandung gestellt hast, weißt du sicher, welche Kraft das Meer, also das Wasser, haben kann. Genauso ist es mit dem Wind. Er ist manchmal so stark, dass du dich gegen ihn lehnen kannst wie gegen eine Wand. Auch die Sonne hat Kraft. An einem heißen Sommertag bringt sie dein Eis zum Schmelzen und macht deine Limonade ganz warm. Das ist jede Menge Energie direkt aus der Natur und sie kann in Strom umgewandelt werden.

Strom aus Wind, Wasser und Sonne

Bei der Energiegewinnung aus Wasser und Wind wird Bewegung in elektrische Energie umgewandelt. Durch die Strömung des Wassers dreht sich die Turbine im Wasserkraftwerk und treibt dadurch einen Generator an. Ähnlich verhält es sich beim Windrad, das den Generator durch die Drehung seiner Flügel antreibt. Um die Energie der Sonne zu nutzen, kann man Solarzellen benutzen. Sie wandeln die Energie der Sonnenstrahlen direkt in elektrische Energie um.

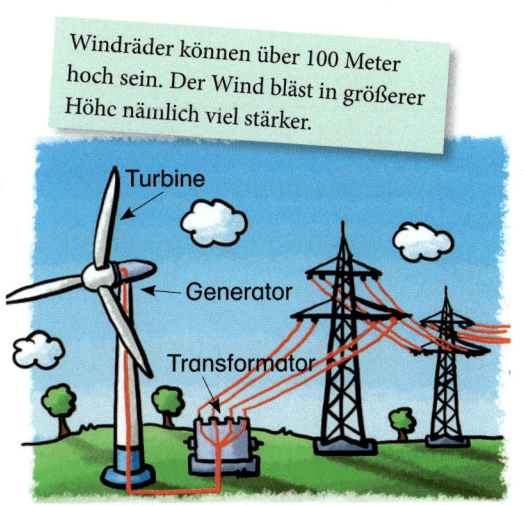

Windräder können über 100 Meter hoch sein. Der Wind bläst in größerer Höhe nämlich viel stärker.

Der Weg von der Windkraftanlage ins Stromnetz

Eine Turbine kannst du dir wie einen großen Propeller vorstellen, den Generator wie deinen Dynamo am Fahrrad, nur eben viel größer. Wie bei deinem Fahrrad wandelt auch der Generator im Kraftwerk die Bewegungsenergie in elektrische Energie um, die dann in das Stromnetz gespeist wird. Dieser Strom sorgt dann unter anderem dafür, dass der Gefrierschrank funktioniert, in dem dein Eis liegt.

Karolin Küntzel

Gestalte ein Plakat zum Thema Stromsparen.

Der Zitteraal

Alle Tiere haben einen offiziellen Namen. Einen lateinischen Namen, der überall auf der Welt bekannt ist.
Praktisch, denn so verstehen alle Wissenschaftler aus allen Ländern, um welches Tier es sich handelt. Es sind Fachnamen, die normale Menschen
5 nicht aussprechen können. Da kommt deine Zunge regelrecht ins Stolpern. Und wenn du sie doch aussprechen kannst, dann weißt du nicht, was sie bedeuten. Aber wenn du den Namen **electrophorus electricus** liest, dann bekommst du immerhin eine Idee.
Herr und Frau E. Electricus produzieren Elektrizität.
10 Und zwar so viel, dass man lieber außer Reichweite bleibt. Tja, das gelingt aber natürlich nicht jedem.
E. Electricus ist ein schlangenartiger Fisch mit einem schleimigen Körper von zwei Metern Länge. Wir nennen ihn hier Zitteraal. Und zittern ist
15 genau das, was er tut. Er schlängelt sich über den schlammigen Boden von Flüssen. Er kann fast nichts sehen, aber indem er kleine elektrische Schläge abgibt, fühlt er, wo er ist. Und gleichzeitig fühlt er, wo der andere ist: der Unglückliche, den er verzehren will.
20 Wenn er ein Opfer gefunden hat, gibt er einen Stromstoß ab. So stark, dass du deine Hand lieber noch in eine Steckdose stecken würdest. Seine Beute wird gelähmt und bewegt sich nicht mehr. Das ist nötig, da der Zitteraal kein Vordergebiss hat. Er schlingt seine Mahlzeit nicht hinunter, sondern saugt sie auf. Langsam und beherrscht. Und dann ist
25 es natürlich praktisch, wenn sie nicht allzu sehr zappelt.
Der Zitteraal hat wenige Feinde. Sogar die Menschen fürchten sich vor ihm. Sie trauen sich beinah nicht, E. Electricus zu essen. Er scheint auch nach seinem Tod noch gehörig gefährlich zu sein. Und natürlich will niemand einen Bissen Elektrizität auf seiner Gabel haben.
30 Es sei denn, du bist ein Stecker.

Bibi Dumon Tak

Dein eigenes Thermometer

Du brauchst:
- 1 Glasflasche
- Leitungswasser, mit Tinte oder Lebensmittelfarbe gefärbt
- Filzstifte
- Knete
- 1 Trinkhalm (möglichst durchsichtig)
- Schere
- 1 Stück Karton (z. B. Karteikärtchen)

Und so wird's gemacht:

1. Gieße das gefärbte Wasser in die Flasche, sodass sie zu $\frac{3}{4}$ gefüllt ist.
2. Tauche den Trinkhalm ins Wasser und befestige ihn mit Knete am Flaschenhals. Die Knete soll luftdicht abschließen.
3. Blase vorsichtig in den Trinkhalm, sodass das Wasser aufsteigt. Höre auf zu blasen, wenn das Wasser im Trinkhalm ein Stück weit über dem von Knete bedeckten Flaschenhals steht.
4. Falte den Karton in der Mitte und schneide, wie auf der Abbildung gezeigt, zwei Doppelschlitze hinein. Schiebe den in der Flasche steckenden Trinkhalm durch die Schlitze.
5. Markiere den Stand der Flüssigkeit im Strohhalm (Pegel) auf dem Karton.
6. Stelle dein Thermometer in die Sonne oder an die Heizung.

Anita van Saan/Tom Dahlke

Was wird geschehen?

Die Flüssigkeitssäule steigt bei Erwärmung an, bei Abkühlung sinkt sie ab.

Warum denn das?

Stellt man das Thermometer an einen warmen Ort, erwärmt sich die Luft in der Flasche und dehnt sich aus. Dabei drückt sie auf das Wasser, das nun in den Strohhalm ausweicht. Bei Abkühlung (z. B. im Kühlschrank) zieht sich die Luft in der Flasche wieder zusammen, das Wasser aus dem Trinkhalm sinkt nach unten.

Wenn du mehr wissen willst:
Anders Celsius, ein schwedischer Astronom* (1701–1744), entwickelte die 100-teilige Thermometerskala, die Temperaturskala nach Celsius. Er legte den Gefrierpunkt des Wassers als Nullpunkt, den Siedepunkt des Wassers auf 100 °C fest. Temperaturen unter 0 °C haben negative Werte, sie liegen im Minusbereich.

Hast du das gewusst?

Bei –200 °C	wird Luft flüssig.
Bei 0 °C	gefriert Wasser.
Bei 100 °C	kocht Wasser.
Bei 184 °C	brennt Papier.
Bei 1 535 °C	schmilzt Eisen.

An der Sonnenoberfläche herrschen ca. 5 500 °C.

⭐ Das Gehirn erzählt

Das Gehirn ist ein kompliziertes Organ, ohne das nichts läuft. Hier erzählt es einmal selbst von sich …

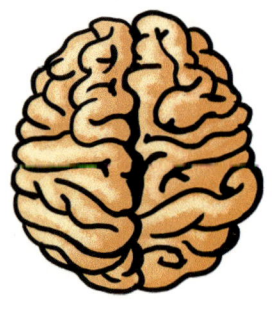

Wie ich aufgebaut bin

Ich bin im Schnitt 1 300 Gramm schwer, habe zwei Hälften und sehe ein wenig aus wie eine riesige Walnuss. Allerdings bin ich nicht hart wie eine Nuss, sondern eher weich wie Pudding und habe eine graurosa Farbe. Man kann mich auch als die Steuerzentrale des Körpers bezeichnen.

5   Im Wesentlichen bestehe ich aus drei Hauptteilen: dem Großhirn, dem Kleinhirn und dem Stammhirn. Diese Teile haben unterschiedliche Aufgaben, arbeiten aber zusammen.

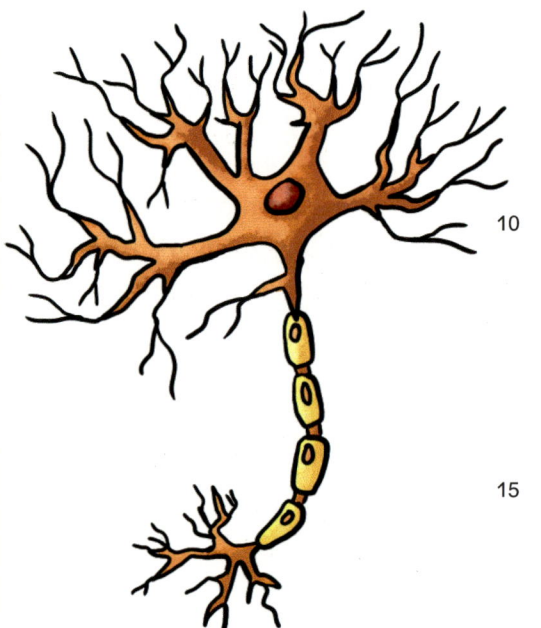

Woraus ich bestehe

Ich bestehe aus über zehn Milliarden Nervenzellen – eine unglaublich große Zahl. Und stell dir
10 vor: Jede dieser Nervenzellen ist mit bis zu 10 000 anderen Nervenzellen verbunden. Es gibt also Billionen Verbindungswege, auf denen Nachrichten durch das Gehirn laufen können. Damit bin ich leistungsfähiger als so mancher Computer.
15 Und je mehr ich gefordert werde, desto mehr neue Verbindungen zwischen den Nervenzellen können sich bilden, und zwar jeden Tag.

Was ich mache

Ich schicke so etwas wie Nachrichten an alle Organe und Gewebe und bekomme auch Informationen von den verschiedenen Körperteilen.
20 Ob dir gerade etwas weh tut, du einen Text liest, du einen Handstand machst oder ob du Merkwörter lernst – ohne mich würde das nicht laufen.

Auch nachts muss ich arbeiten

Ich bin auch dann aktiv, wenn du schläfst. Denn in der Nacht verarbeite ich alles, was du am Tag erlebt hast. Ich räume sozusagen ein wenig auf …
Und nicht nur dann, wenn du etwas bewusst tust, bin ich aktiv, sondern
25 auch dann, wenn etwas unbewusst vor sich geht. Denke beispielsweise an die Atmung. Ich sorge dafür, dass der Körper mit ausreichend Sauerstoff versorgt wird – und niemandem ist so recht bewusst, dass er überhaupt atmet. Man macht es einfach. Und Dinge wie das Fahrradfahren oder Schwimmen lernst du mit meiner Hilfe einmal und verlernst sie nie
30 wieder. Das ist sehr praktisch, findest du nicht?

Warum Wiederholungen manchmal wichtig sind

Zum Lernen sind Wiederholungen oft sehr wichtig. Erst dann gelangen Informationen in das Langzeitgedächtnis und können von dort auch noch nach Wochen, Monaten oder Jahren abgerufen werden. Aber – stell dir vor: Ich
35 habe nicht nur für ein paar läppische Vokabeln Platz, sondern könnte mir im Prinzip ein 20-bändiges Lexikon merken. Im Übrigen mache ich nichts lieber als lernen und mich bewegen.

Was ich brauche, um gut arbeiten zu können

Na ja – ich brauche für die Arbeit schon recht große Mengen Nährstoffe
40 und sehr viel Sauerstoff. Denn 2 000 Liter Blut müssen täglich durch mich hindurchfließen, damit ich mit dem notwendigen Sauerstoff versorgt werde. Ohne Sauerstoff kann ich leider nicht auskommen, dann sterbe ich in wenigen Sekunden ab.

Martina Schramm

Suche dir einen Absatz aus und notiere dir die Wörter am Satzanfang. Kannst du sie dir merken? Vorwärts, rückwärts, jedes zweite Wort?

Selbstbildnis mit Handschuhen (Ausschnitt)

21. Mai 1471
Dürer wird in Nürnberg geboren.

1486
Er ist Lehrling bei dem Nürnberger Maler Michael Wolgemut.

1490–1495
Er reist durch Europa.

1495
Er eröffnet eine eigene Werkstatt in Nürnberg, wo er vor allem schwarz-weiße Druckgrafik verkauft.

1505–1507
Er besucht Venedig und arbeitet an großen Gemälden.

1507–1509
Zurück in Nürnberg wird er immer bekannter. Er arbeitet weiter an Gemälden und Drucken.

1515
Er beginnt, für den mächtigen Kaiser Maximilian I. zu arbeiten.

Ab 1525
Er arbeitet an illustrierten Büchern über Kunst, die auch verschiedenste Zeichenhilfen wie ein Glastafelgerät behandelten. Man malte die Zeichnung auf eine Glasscheibe und kopierte sie dann auf Zeichenpapier.

6. April 1528
Er stirbt.

Albrecht Dürer

Dürer war einer der ersten Künstler, der bereits zu Lebzeiten in ganz Europa bekannt war. Er fertigte große Gemälde und schwarz-weiße Drucke von Holzschnitten und Kupferstichen. Seine Werke waren voller komplizierter Details*, die er nach der Natur zeichnete.

Albrecht Dürer wurde 1471 in der deutschen Stadt Nürnberg geboren. Nachdem er von einem erfolgreichen Maler ausgebildet worden war, reiste er quer durch Europa, studierte die Arbeiten anderer Maler und zeichnete und malte mit Wasserfarben die verschiedenen Landschaften, Pflanzen und Tiere, die er unterwegs sah. Als er mit 24 Jahren nach Nürnberg zurückkehrte, ließ er sich nieder, um seinen Lebensunterhalt als Künstler zu verdienen. Dürer verwendete die Skizzen seiner Reise und setzte bei einigen seiner Gemälde Ausschnitte der Landschaften in den Hintergrund, in anderen zeigte er naturgetreue Tiere, Vögel oder Blumen. Das verlieh seinen Arbeiten einen frischen und lebensechten Eindruck.

Gedruckte Meisterwerke

30 Obwohl Dürer damit fortfuhr, feine Skizzen mit Wasserfarben und große, farbenprächtige Gemälde anzufertigen, konzentrierte er sich doch die meiste Zeit auf Schwarz-Weiß-Drucke. Dabei schnitt er die Illustrationen
35 entweder in Holzblöcke oder gravierte sie in Metallplatten, die dann mit Farbe eingestrichen und auf Papier gepresst wurden. Obgleich sich seine Drucke in ganz Europa gut verkauften, war er doch enttäuscht, dass
40 es so viel länger dauerte, bis sein Talent auch in Nürnberg gewürdigt wurde.

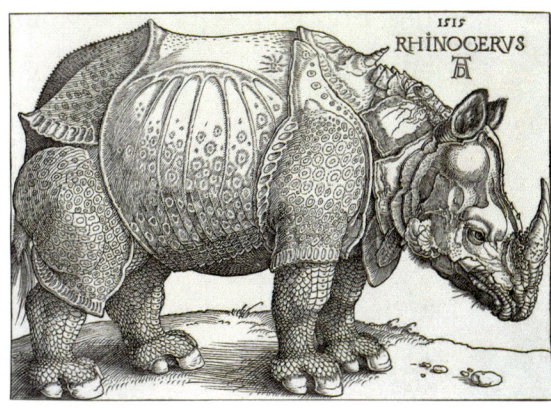

Das Nashorn
Der eindrucksvolle Stich von einem Nashorn gehört zu Dürers berühmtesten Drucken.

Ein junger Hase
Dieses kleine Bild fertigte Dürer nach einem lebenden Feldhasen an und fing dabei jedes Detail seines Fells ein. Er signierte mit seinen Anfangsbuchstaben, AD. Fast alle seine Arbeiten tragen diese Signatur.

Endlich berühmt

Je mehr Menschen im Ausland seine Arbeiten kennenlernten, desto mehr verbreitete sich sein Ruhm. Am Ende
45 seines Lebens – er starb schon mit 57 Jahren – wurde er überall, wo er hinkam, als Künstler gefeiert. Noch heute ist er wohl der berühmteste aller deutschen Maler.

Ruth Brocklehurst, Rosie Dickins, Abigail Wheatley

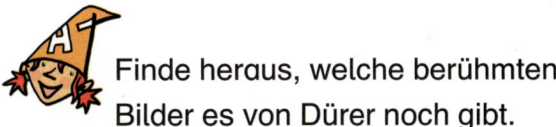

Finde heraus, welche berühmten Bilder es von Dürer noch gibt.

Das Beton-Problem

Ohne Sand gäbe es keine Häuser, wie wir sie haben. Und keine Straßen. Denn Sand ist ein Hauptbestandteil von Beton, aus dem all das gebaut wird. Doch es gibt ein Problem: Die Menschen bauen immer mehr. Inzwischen ist Beton nach Wasser der Stoff auf der Erde, den wir am meisten nutzen.

Die derzeit höchsten Bauwerke der Welt sind Konstruktionen aus Unmengen Stahl und Beton. Das höchste Gebäude der Welt, der Burj Khalifa in Dubai, ist 828 m hoch und steht mitten in einem Wüstenstaat. Verbaut wurden 330 000 Kubikmeter Beton. Das entspricht etwa der Menge, die in 25 500 riesige Betonmischer passt. Jedes Jahr werden mehrere Milliarden Tonnen Beton verbraucht. Mit dieser Menge ließe sich ein Betongürtel um die Erde bauen, der so breit wäre wie eine siebenspurige Autobahn und gleichzeitig so hoch wie ein siebenstöckiges Haus!

Es gibt immer neue und höhere Bauprojekte, zum Beispiel der Jeddah Tower im saudi-arabischen Dschidda mit 1 007 Metern Höhe.

Jeddah Tower im Bau und Modell

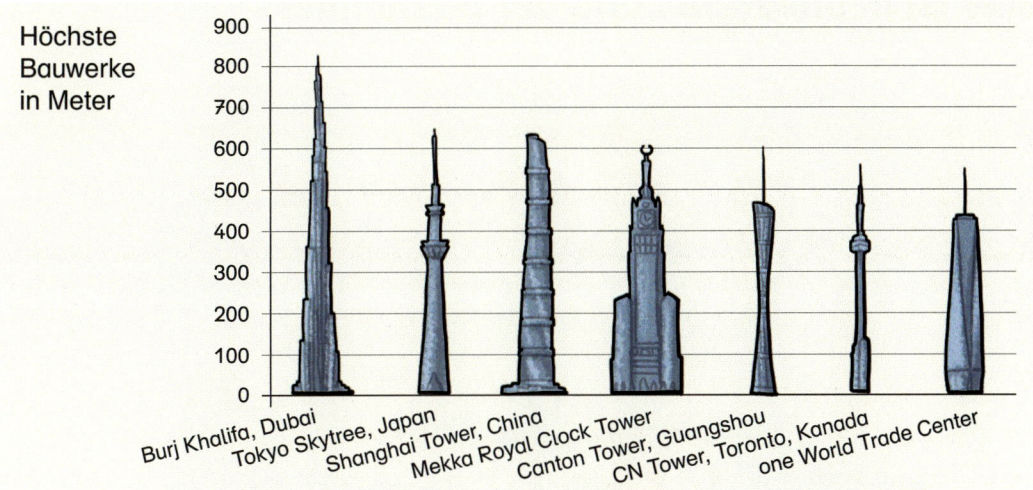

Kein Problem, könnte man meinen. Schließlich liegt in den Wüsten ja genug Sand herum. Aber Wüstensand eignet sich nicht zum Bauen. Dazu sind seine Körner viel zu rund. Stabil wird Beton nur mit eckigen
20 Körnchen, wie sie in Flussbetten, am Meeresboden oder an Stränden vorkommen. Überall dort wird Sand heute als Baustoff abgebaut. Oft zerstört das auch die Umwelt für lange Zeit. Flüsse fließen schneller, Tiere verlieren ihren Lebensraum.

Wie praktisch wäre es daher, wenn man den Sand aus dem alten Beton
25 wieder herausholen und noch einmal nutzen könnte. Genau daran forscht Volker Thome am Fraunhofer-Institut für Bauphysik in Holzkirchen. „Beton brechen funktioniert nicht", sagt er. „Damit lassen sich die Sandkörner nicht heil aus dem Beton herausholen."
Stattdessen schickt Thome künstlich Blitze durch Beton. „Die Blitze
30 laufen an den Rändern der Sandkörner entlang und lösen sie damit aus dem Beton", erklärt er. Heraus kommt unter anderem hochwertiger Sand. Noch ist das Verfahren recht teuer – aber das wird Sand langsam auch.

Aus: forscher – Das Magazin für Neugierige, Ausgabe ahoi! ❖

Schaffst du es, aus Klebeband und 16 Spaghetti einen Turm auf dem Tisch zu basteln, der einen Marshmallow auf seiner Spitze trägt?

Wissenswertes und Erstaunliches

Wer ist in unserem Land der Bestimmer?

Wenn man den Begriff Demokratie als „Herrschaft des Volkes" ernst nimmt, bedeutet das, dass das ganze Volk bestimmt, was im Land passiert. Das ganze Volk besteht im Fall der Deutschen aber aus ungefähr 82 Millionen Menschen. Wie soll man die Meinung jedes Einzelnen herausfinden? Und wenn man sie herausgefunden hat, wie soll man jede Meinung berücksichtigen? Und was macht man, wenn die Meinungen sich total widersprechen?

Kann man gemeinsam bestimmen?

Was machst du, wenn du dich mit deiner Schwester darüber einigen musst, ob es Pfannkuchen oder Pommes frites zum Mittagessen geben soll, und du magst nur Pfannkuchen und sie nur Pommes? Du könntest dich prügeln, und der Stärkere dürfte dann bestimmen, was gekocht wird. Aber das wäre ungerecht. Du könntest so lange auf deine Schwester einreden, bis sie nachgibt. Wenn sie aber genauso dickköpfig ist wie du, würdet ihr gar nichts zu essen bekommen.

Oder ihr könntet einen Kompromiss schließen, der besagt, dass heute der eine das Essen bestimmen darf und morgen der andere. Der Vorteil: Ihr kommt dabei tatsächlich zum Essen, und keiner muss richtig nachgeben. Der Nachteil: Manchmal braucht es viel Zeit, bis ein

Kompromiss gefunden ist, und ihr beide seid eigentlich nicht hundertprozentig zufrieden. Dennoch ist es die gerechteste Form der Entscheidungsfindung.

Aber wie gelingt es nun am besten, dass sehr viele unterschiedliche Menschen ohne Alleinherrscher in Freiheit zusammenleben können und sich in der Gemeinschaft mit den anderen wohlfühlen und gerecht behandelt werden?

Wie regiert ein ganzes Volk?

Diese Frage stellte man sich schon vor über 2 500 Jahren in den griechischen Städten. Die Menschen dort hatten es satt, sich von Herrschern herumkommandieren zu lassen, die nur deshalb regierten, weil vor ihnen schon ihre Väter regiert hatten oder weil sie mit Gewalt an die Macht gekommen waren. Die Einwohner des größten griechischen Stadtstaats, die Athener, setzten ihren König ab und ernannten Beamte, die immer nur für ein Jahr regieren durften und die von Volksvertretern gewählt wurden. Weil die Regierungsbeamten nur kurz regierten, fingen sie erst gar nicht an, sich wichtiger zu nehmen als die anderen.

Um die Meinung möglichst vieler zu berücksichtigen, wurden die Volksvertreter, die die Regierung wählten, wiederum vom Volk gewählt. Das klingt sehr gerecht, aber tatsächlich durfte nicht das ganze Volk wählen, sondern nur die „freien Bürger". Frauen, Sklaven und Ausländer konnten überhaupt nicht mitbestimmen. Bis Frauen wählen durften, vergingen noch einmal ein paar tausend Jahre.

Vielleicht überlegst du jetzt, was eigentlich mit euch Kindern ist. Ihr dürft in Deutschland nicht wählen und auch sonst nirgends in Europa. Es wird einfach davon ausgegangen, dass die Eltern eure Interessen mitberücksichtigen, wenn sie zur Wahl gehen.

Malte Arkona

Finde heraus, wer in Deutschland die Politiker im Bundestag wählen darf. Berichte in deiner Klasse darüber.

4 Lauter tolle Geschichten

⭐ Fünf Hunde im Gepäck

Henry wachte mit einem ungewöhnlichen Gefühl auf. Ihm war warm, aber das war es nicht. Das Ungewöhnliche war, dass er sich glücklich fühlte. Gemütlich. Sicher. Nicht, als hätte er schlecht
5 geträumt, und sei nun froh, wach zu sein. Henry fühlte sich so, als hätte er nie im Leben schlechte Träume gehabt.

Andererseits war sein Bett so hart, es war ungewöhnlich hart. Langsam begriff er, dass es überhaupt kein Bett war.
10 Er lag mit seiner Decke auf dem Fußboden … und dann fiel ihm alles ein. Er hatte seinen Eltern versprochen, Fleck nicht in seinem Bett schlafen zu lassen, und er hatte sein Versprechen gehalten. Aber er konnte Fleck an seinem ersten Tag in seinem neuen Zuhause auch nicht allein lassen.

15 In diesem Moment presste sich eine kalte Nase in seine hohle Hand und Fleck begrüßte freudig den neuen Tag. Wie sein Besitzer. Fleck war ebenfalls in Geborgenheit, Wärme und Glück aufgewacht. Er sprang Henry auf die Brust, er leckte sein Ohr,
20 sprang wieder runter und rollte sich auf den Rücken, sodass Henry seinen Bauch rubbeln konnte.

Doch Henry fiel ein, was seine Mutter am Abend zu ihm gesagt hatte.
„Wenn er eine Pfütze auf den Teppich macht, kommt er
25 in die Garage und bleibt da auch."
Es war höchste Zeit, mit Fleck Gassi zu gehen.

Henry ging mit ihm aus der Tür und durch den Vorgarten, der gar kein Garten war, sondern eine geharkte Kiesfläche. Hier durfte Fleck auf keinen Fall sein Bein heben.

30 Doch am Ende der Straße gab es einen öffentlichen Park. Fleck schien der Park zu gefallen, er konnte gar nicht schnell genug hinkommen. Es war ein ganz gewöhnlicher Stadtpark, aber Fleck benahm sich, als wäre er im Paradies. Er schnüffelte an jedem Baum, um zu riechen, welcher Hund als Letztes
35 dagewesen war, er versuchte ein Büschel Gras zu essen und musste niesen. Er entdeckte einen spannenden Laubhaufen. Und die ganze Zeit über zuckten seine Ohren vor Eifer und immer wieder drehte er sich nach Henry um, als ob er sehen wollte, ob der auch all das roch und fühlte und mit ihm teilte.

40 Henry ließ es zu, dass Fleck ihn führte, und stand plötzlich einem Mädchen mit blonden Locken gegenüber. Sie saß auf einer Bank und las und war genau die Sorte von hübschem, selbstbewusstem Mädchen, die Henry normalerweise Angst einflößte, aber Fleck schloss sie augenblicklich ins Herz.
45 „In dem stecken ja eine Menge Rassen", sagte das Mädchen und streichelte Flecks Rücken. „Er sieht richtig klug aus. Warum lässt du ihn nicht von der Leine?"

„Ich habe ihn erst seit gestern und weiß noch nicht, ob er zurückkommt. Nächste Woche will ich mit ihm in die Hundeschule."
50 „Natürlich kommt er zurück. Er liebt dich."

Henry sah das Mädchen an. Ihre Worte machten ihn überglücklich.

Eva Ibbotson ❖

Betrachte das Cover. Was könnte passiert sein, dass Henry plötzlich fünf Hunde hat?

Kalle

Am liebsten würde ich Wolfgang heißen. Ich würde mich Lonely Wolf nennen, was Englisch ist und einsamer Wolf bedeutet.

Getauft bin ich aber auf den Namen Karl Ignaz Ferdinand
5   Knappe. Aus Sparsamkeit nennen mich alle nur Kalle.
Ignaz, das war mein Opa. Ferdinand, das ist mein Vater.
Er geht nicht morgens ins Büro und kommt abends
nach Hause wie andere Väter. Er steht um Mitternacht auf
und legt sich ins Bett, wenn es wieder hell wird.
10 Falsch geraten! Er ist kein Vampir.
Papa ist Bäcker. Von Mitternacht bis zwei Uhr früh bereitet er den Teig vor.
Von zwei bis vier formt er Brötchen und von vier bis fünf macht er Baguette
und Brot. Ich brauche keinen Wecker. Ich wache auf, wenn mein Magen knurrt,
weil es im ganzen Haus nach warmem Brot duftet.
15 Wir wohnen in einem zitronengelben Haus, das so viereckig wie ein Würfel ist.
Unser Haus steht gleich neben der Bücherei. Wir, das sind Papa, Mama, Oma
Nita und ich. In unserem Städtchen gibt es fast alles nur einmal.
Eine Kirche, ein Gasthaus, eine Schule. Einen Bach, eine Brücke, eine
Bücherei. Einen Friseur, einen Supermarkt und einen Bäcker. Kaum ist man
20 in den Ort hineingefahren, schwups, schon ist man wieder draußen,
wenn man nicht aufpasst.
Im ersten Stock des Zitronenwürfels wohnen wir. Im Keller befindet sich Papas
Backstube. Dort ist es selbst im Winter warm und gemütlich. Im Erdgeschoss
haben wir unseren Laden. Wenn ein Kunde die drei Stufen zum Haus hochsteigt
25 und durch die Tür kommt, bimmelt eine kleine goldene Glocke über dem
Türrahmen und er steht mitten im Paradies.

Dann kann er auswählen zwischen Brezeln, Rosinenbrötchen und
Kaisersemmeln. Zwischen Kornspitz, Schusterjungen und Pfennigmuckerl.
Selbstverständlich gibt es auch jede Menge Kuchen und Torten: Bienenstich
30 zum Beispiel und Käsestreusel, Erdbeerschnitten, Donauwellen, Biskuitrollen

und natürlich Apfeltaschen, Nussschnecken, Rumkugeln, Quarkbällchen und Plundergebäck. Außerdem haben wir die besten Schokocroissants der Welt im Angebot.

Jeden Morgen bringt Papa das allererste Croissant zu Mama ans Bett.
35 Danach frühstücken wir. Wenn ich in die Schule muss, haut sich Papa aufs Ohr, und Mama verkauft mit Oma Nita, was Papa gebacken hat.

Oma Nita hat eine Haut wie Seidenpapier. Mit ihrer bemehlten Schürze und den weißen Haaren sieht sie selbst aus wie eins von Papas Plunderteilchen, die über und über mit Puderzucker bestreut sind.
40 Zart und zerbrechlich wie Blätterteig.
„Aber das täuscht", sagt Papa, „Oma Nita ist zäh wie das Gulasch im Gasthof."
Sie kann Spülmaschinen reparieren, die schwierigsten Kreuzworträtsel lösen und hat auf jede Frage eine Antwort. Egal ob einer wissen will, wie der Schweinebraten knusprig wird, warum das Baby einen wunden Po hat oder
45 was der Unterschied zwischen Prädikat und Objekt ist. Nur nachmittags, da macht sie ein Nickerchen. Dann sitzt sie auf dem Hocker in der Ecke des Ladens und schnarcht so laut, dass die Brotkrümel auf den Brettern vibrieren.
Mama ist eher eine Schwarzwälder Kirschtorte. Sie ist so süß wie Sahne, hat schokoteigbraunes Haar und trägt meist zwei rote Kugel-Ohrringe,
50 die aussehen wie Kirschen. Papa ist eine Laugenstange mit Salz, denn er ist lang und dünn und hat viele Sommersprossen auf der Nase.
Und ich?

Mama sagt, ich bin „ihr Krapfen". Süß und rund. Blöd ist nur: Krapfen mag jeder. Aber Jungs, die aussehen wie Krapfen, mag keiner.
55 Weil nie jemand nachschaut, ob sie vielleicht einen Kern aus Marmelade haben.

Charlotte Habersack

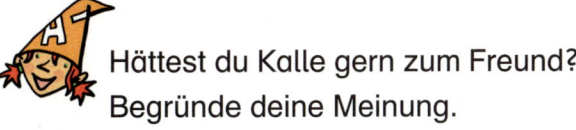

Hättest du Kalle gern zum Freund?
Begründe deine Meinung.

✨ Das Blaubeerhaus

Und dann standen wir zu dritt unter der Treppe vor einer Bretterwand.

Bisher hatte ich gedacht, hinter der Wand wäre eine Art Verschlag, keine Ahnung, mit alten Möbeln oder so.

5 Oder vielleicht hatte ich gar nicht so richtig über diesen Raum unter der Treppe nachgedacht.

An die Bretter gepinnt waren alte, vergilbte Zeichnungen von Pflanzen aus dem Wald.

Es gab keine Ritzen in der Wand. Keinen Tür-Umriss. Aber als Leo
10 seine Hände auf das Holz legte und schob und drückte, bewegte sich einfach die ganze Wand.

Die Bretterwand *war* die Tür.

Sie schwang mit einem Quietschen nach innen auf, und vor uns lag eine steile Treppe, die in ein unbekanntes Dunkel führte.

15 Leo holte eine Taschenlampe und ging voraus. Ference und ich stiegen ihm nach, hinunter in eine schimmelige Kühle, die so alt roch wie die ganze Welt. Ich merkte erst unten, dass ich Ferences Hand hielt oder er meine, und da ließen wir beide los, weil es doch peinlich war, die Hand von jemandem zu halten, den man gar
20 nicht richtig kennt.

Der Keller war feucht und besaß keinen Boden, oder na ja, einen Boden aus festgetretener Erde. Wir fanden zwei Kisten voll mumifizierter* Kartoffeln und Regale mit Werkzeug und Besen und Spaten und Eimern und solchem Kram, alles museumsreif.
25 Dazwischen gab es ungefähr drei Millionen Spinnennetze, dicht gewebt wie Tüllgardinen. Die Spinnen in den Netzen zitterten aufgeregt mit ihren schwarzen Leibern, als sie die Erschütterung unserer Schuhe spürten.

Ich dachte an meine Freundinnen in Hamburg, die geschrien hätten.
30 Aber ich sagte mir, dass Spinnen nützliche Tiere waren und ich Leo und Ference nicht den Gefallen tun würde, sie eklig zu finden.
Über den Boden huschte eine Ratte. Für irgendwas sind Ratten sicher auch nützlich, obwohl ich nicht weiß, für was …

Wir wanderten langsam durch die Räume, und die Schatten, die
35 das Taschenlampenlicht warf, tanzten um uns herum und machten alles sehr unübersichtlich. Wir befanden uns, dachte ich, in den Eingeweiden des Blaubeerhauses, ganz innen, ganz dicht an seinem Herzen.
Beinahe hörte ich es schlagen. Oder waren das Schritte? Die Schritte
40 von jemandem, der uns folgte und den wir nicht sahen?
„Irgendetwas ist hier", wisperte Ference. „Ich weiß nicht, was …"
In diesem Moment gab es einen ohrenbetäubenden Krach, und Avi nahm meine Hand. Nein, Entschuldigung, es war natürlich Ference.
„Raus hier!", flüsterte er. „Los!"

Antonia Michaelis

Übe, den Text spannend und betont vorzulesen.

Lauter tolle Geschichten

⭐ Weltenspringer

Als Bethany sich langsam an ihren mit Schokolade verschmierten Händen aus Charlie und die Schokoladenfabrik hievte, seufzte sie. Warum war sie so lange dort geblieben? Jetzt war sie später als spät dran. Es war einfach so unvorstellbar entspannend gewesen, hinter dem Schokoladenfluss
5 zu sitzen, den Umpa-Lumpas bei der Arbeit zuzusehen und nicht von Mr Barberry oder ihrer Mom angeschrien zu werden.
Als ihr Kopf aus dem Buch auftauchte, machte sie sich plötzlich allerdings sehr viel weniger Sorgen, weil sie zu spät war, und sehr viel mehr, weil Owen, ein braunhaariger, ganz normal aussehender Junge aus
10 ihrer Klasse, sie anglotzte, als ob seine Augen gleich herausfallen würden.
„Bethany?", krächzte Owen. Seine Stimme war fast zu leise, um gehört zu werden.
„Owen!", sagte sie, zog den Kopf ein, kletterte vollständig aus dem Buch und schloss es mit einem Tritt.
15 „Du … warst in dem Buch?", fragte er und schaute zwischen ihr und dem noch immer schokoladigen Buch, das auf dem Boden lag, hin und her.
„Red keinen Blödsinn", sagte sie zu ihm und rang sich ein falsches Lachen ab.

20 Owens Mutter sah ihn an, als er das Buch auf einen Stapel von Büchern legte, die in die Regale zurückgestellt werden sollten. Er seufzte und stand auf, denn er wusste, was jetzt kommen würde.
25 „Die gehören alle in die Kinderabteilung", sagte seine Mutter. „Ich schließe jetzt, danach muss ich noch etwas im Büro erledigen. Mach bitte deine Hausaufgaben fertig, wenn du die Bücher zurückgestellt hast."
Uääh. Natürlich. Owen hob einen Bücherstapel auf, der ihm bis zum
30 Bauchnabel reichte, dann ging er damit langsam zur Kinderabteilung.

Wie immer herrschte dort das pure Chaos, als ob ein Hurrikan*
mitten zwischen die Bücher von Rick Riordan eine Atombombe
geschleudert hätte. Genervt machte sich Owen ans Werk,
dabei legte er einige Bücher beiseite, die er interessant fand –
35 das war das einzig Gute am Aufräumen.
Zehn Minuten später war die Kinderabteilung immerhin ordentlicher,
obwohl sich nun auf den ohnehin überfüllten Regalen Bücherstapel
türmten. Owen sah sich traurig den Stapel an, den er in die Kinderabteilung
geschleppt hatte, weil er diese Bücher ja auch noch zurückstellen musste.
40 Stöhnend griff er nach Charlie und die Schokoladenfabrik, ihm war
jetzt schon klar, dass dafür sowieso kein Platz sein würde.
Als er den Buchstaben D für Roald Dahl gefunden hatte, passierte
etwas Seltsames. Seine Hand … zuckte.
Er sah seine Hand und das Buch darin an, wahrscheinlich hatte er
45 sich den Stromstoß nur eingebildet.
Doch dann zuckte das Buch erneut.
„Au!", sagte er und ließ das Buch fallen. Es knallte auf den Boden
und blieb für einen Moment dort liegen.
Kurz darauf zuckte es zum dritten Mal.
50 Was war hier los? Owen wich zurück, als sich der Einband und
einige Seiten ganz von selbst öffneten. Spukte es in der Bücherei?
Oder war das Buch verhext? Und war es normal, irgendwie fasziniert
davon zu sein, auch wenn man Angst hatte?
Und dann passierte etwas, mit dem Owen nie im Leben
55 gerechnet hätte.
Fünf von Schokolade verschmierte Finger schoben sich
aus der Mitte des Buches, packten den Rand und hievten
sich heraus.

James Riley ❖

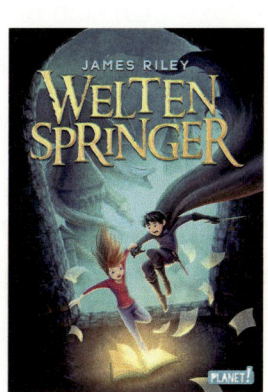

 In welches Buch würdest du gerne eintauchen?

Lauter tolle Geschichten   **87**

Die verflixten Fletcher Boys machen Ferien

„Wir verpassen noch das Schiff", jammerte Frog von der hintersten Bank des Vans. Er war in der dritten Reihe angeschnallt, mit dem Hund Sir Puggleton und zwei Katzenkäfigen, die Zeus, den 8 $\frac{1}{2}$ Kilo schweren
5 Maine-Coon*-Kater, und das sechs Monate alte Kätzchen Lily beherbergten.
Alle grummelten das leise, unzufriedene Grummeln von Tieren, die sich ihrer misslichen Lage ergeben hatten.
Frogs drei ältere Brüder hatten sich in die mittlere Sitzreihe
10 gequetscht, auch sie grummelten hin und wieder. Keiner war richtig froh.
„Wir haben Zeit. Wir schaffen das", sagte Dad. Aber Eli bemerkte, dass er den Kopf verdrehte und auf den Verkehr linste, der die Autobahn verstopfte.

„Selbstverständlich schaffen wir das!", dröhnte
15 Papa, der sich beim Fahren so weit übers Lenkrad gelehnt hatte, als wollte er mit schierer Willenskraft durch den Verkehr pflügen.
„Bis jetzt haben wir noch nie eine Fähre verpasst."
„Doch, haben wir!"
20 Jax und Eli waren gleichzeitig damit herausgeplatzt.
Eli warf seinem älteren Bruder nur einen Blick zu und überließ ihm das Reden. Man konnte sich darauf verlassen, dass Jax sich an die Tatsachen hielt.
„Weißt du noch, Papa? In dem Jahr, als wir zum Memorial Day* fahren wollten.
25 Und dann war da ein Unfall auf der Autobahn? Und wir saßen …"
„Wir saßen VIER STUNDEN fest", warf Sam ein. Er unterbrach sein irres Simsen für einen Moment und schaute von seinem Handy auf.
„Und ich hab an dem Wochenende ein Fußballturnier verpasst. Das war das Schlimmste."
30 „Ja, und Sir Puggleton hat ins Auto gekotzt", ergänzte Frog.

„Und wir mussten in diesem ekligen Motel übernachten", sagte Eli.
Bei der Erinnerung daran zog sich seine Nase kraus.
„Ach ja, das Modermotel. Haben wir es nicht so genannt? Sind das
nicht schöne Familienerinnerungen, Leute?", fragte Dad.

35 „Meine Herren, ich muss doch bitten. Wir sind nur etwa zehn Minuten
vom Anleger entfernt. Wir haben jede Menge Zeit. Vielleicht nicht ganz
so viel, wie wir hätten, wenn nicht jemand versäumt hätte, seinen Koffer
ins Auto zu stellen, was ein Umkehren erforderlich gemacht hat,
um das nachzuholen", – hier hielt Papa mit einem auf Dad gerichteten

40 Blick inne – „aber wir haben noch Zeit. Keine Bange."
Und tatsächlich, kaum hatte er das gesagt, schwenkte Papa
auch schon auf die Abfahrt von der Autobahn ein.
Eli wusste, dass es jetzt nicht mehr weit war.
Jax und Sam ließen beide die Fenster

45 runter und die kräftige, warme,
salzige Seeluft wehte durch die Kühle
des klimatisierten Autos.
Sir Puggleton fing ernsthaft an zu bellen,
denn er wusste, dass die Freiheit zum Greifen nah war.

50 Eli machte die Augen zu und ließ sich vom Geruch
überwältigen, während das Auto die letzten paar Kurven
vor dem Anleger nahm. So roch ein richtiger Hafen,
nach Dieselmotoren, Fisch und Möwen und den gebratenen
Meeresspezialitäten des Restaurants am Fähranleger.

55 Und so roch der August, in dem die Fletchers an Bord der Fähre gingen
und die zwanzig Meilen Atlantik überquerten, die das Festland von
Rock Island trennten.

Dana Alison Levy ❖

 Schreibe über ein Erlebnis auf dem Weg in die Ferien.

Fatima

Normalerweise ist der erste Schultag nach den Ferien zum Gähnen langweilig – selbst wenn es sich nur um die superkurzen Pfingstferien gehandelt hat. Aber diesmal war es anders.

Zur ersten Stunde brachte unser Klassenlehrer nämlich eine Neue mit.

5 Dr. Alexander Brill gibt bei uns Deutsch – und das mit vollem Stimm- und Körpereinsatz.

„Das ist Fatima", stellte er das Mädchen vor. „Eure neue Mitschülerin."

„Die hat uns gerade noch gefehlt", murmelte Jan.

„Was hast du gesagt?"

10 „Nichts, Herr Doktor Brill."

Unser Klassenlehrer räusperte sich. „Na, das will ich auch hoffen, mein Lieber. Wo war ich? Ach ja: Fatima kommt aus Tunesien."

„Algerien", flüsterte das Mädchen. Es trug ein blassgrünes Kopftuch, das Haare, Hals und die halbe Stirn bedeckte, und dazu ein langes

15 blassrotes Kleid. Sie war mindestens so dünn wie ich, und das will was heißen.

„Wie bitte?", brüllte unser Klassenlehrer. Im Schiller-Gymnasium nennt ihn jeder „Doktor Brüll".

Fatima zuckte zusammen. Wenn man den Brill nicht kennt und er gibt Vollgas, kann man es mit der Angst kriegen. Dabei ist er schwer in Ordnung, finde ich.

20 „Meine Familie kommt aus Algerien", flüsterte Fatima.

„Ach ja …"

„Tunesien ist woanders", fügte das Mädchen hinzu.

„Wie auch immer", brüllte Dr. Brill und wieder zuckte die Neue zusammen.

„Seid nett zu ihr. Wer wünscht sich Fatima als Tischnachbarin?"

25 Sofort meldete sich jemand. Aber es war nicht etwa eines der Mädchen, wie man vielleicht hätte erwarten können. Neben Charlotte zum Beispiel war seit Beginn des Schuljahres ein Platz frei. Nein, ich hob den Finger. Ich, Jakob Ter-Owanesian. Doch ich tat das nicht, weil mir Fatima schon beim Hereinkommen sympathisch gewesen wäre und ich unbedingt neben ihr

30 sitzen wollte. Ich hob den Finger, weil ich plötzlich mehr als dringend aufs Klo musste. Doch bevor ich das dem Brüll erklären konnte, donnerte der auch schon: „Du? Na prächtig!"

Dann beugte er sich zu Fatima hinunter. „Setz dich bitte zu unserem geschätzten Jakob", sagte er.

35 „Darf ich zur Toilette?", rief ich, bevor der Brüll weiterreden konnte. Ich hatte echt

Angst, dass gleich ein Unglück passierte. Alarmstufe Rot sozusagen.
„Schwing die Hufe!", rief Doktor Brill und ich rannte aus dem Klassenzimmer, hinter mir das Gelächter meiner Mitschüler.

Als ich erleichtert in den Klassenraum der 5a zurückkehrte, hatte Fatima bereits einen Block aus ihrer Schultasche gezogen und schrieb eifrig mit, was uns der Brüll über die nächste Klassenlektüre erzählte.
Auch aus der Nähe betrachtet, schien die Neue nur aus Haut und Knochen zu bestehen. Die Nase ragte spitz aus ihrem vom Kopftuch umrahmten Gesicht, zwischen den pechschwarzen Augenbrauen war eine tiefe Falte zu sehen.
Bestimmt merkte Fatima, dass ich sie beobachtete. Aber sie würdigte mich keines Blickes.

In der ersten großen Pause kam Nick zu mir. Normalerweise war er mit seinen Freunden Jan, Finn-Ole und Kaspar auf dem Schulhof unterwegs und heckte irgendwelchen Unsinn aus. Mädchen ärgern, gut durchgekaute Kaugummis auf Türklinken kleben und so was. Mich hatte er nie gefragt, ob ich mitmachen wollte. Mit mir sprach, wenn ich ehrlich sein soll, sowieso nur selten jemand.
„Na?", sagte er.
„Ja?", fragte ich.
„Wie ist sie?", wollte er wissen.
Ich stellte mich dumm. „Wer?", fragte ich.
„Das weißt du genau! Die Neue, diese Fatima!"
„Ach so."
„Und?"
„Keine Ahnung", antwortete ich.
„Komm schon!" Nick blieb hartnäckig. „Du wolltest doch unbedingt, dass sie neben dir sitzt!"
„Stimmt ja gar nicht!"
„Stimmt wohl!"
„Ich musste aufs Klo", erwiderte ich. „Deshalb habe ich mich gemeldet."
„Die ist irgendwie komisch", sagte Nick.
„Komisch?"
„Wie die schon aussieht!"
„Wie denn?"
„Wie ihre eigene Oma!"
„Mir egal", knurrte ich und ließ Nick stehen.

Jürgen Banscherus

Lest den Text mit verteilten Rollen.

Lauter tolle Geschichten

Ophelia und das Geheimnis des magischen Museums

In der Ecke des Raumes gab es eine ganz normal aussehende graue Tür. Darüber befanden sich die kleinen silbernen Ziffern 302. Ophelia öffnete die Tür.

Der Raum hinter der normalen grauen Tür war auch beinahe
5 normal. Der Fußboden hatte ein Schachbrettmuster. An den hohen Fenstern hingen zerschlissene geraffte Samtvorhänge und man konnte über die Stadt schauen. Der Himmel war ebenfalls grau.

Der Raum wäre auch gewöhnlich gewesen, wenn es die Bühne im
10 hinteren Teil nicht gegeben hätte und das verblasste Wandbild mit Bergen, einem blauen Meer und einem Jungen mit einem Schwert. Über dieser Szene standen in einem Bogen aus goldenen, rissigen und abblätternden Buchstaben die Worte:
DER FABELHAFTE JUNGE

15 Es gab eine kleine Tür. Sie war zwischen den spitzen, blauen Wellen mit ihren weißen Schaumkronen versteckt, Und in der kleinen Tür befand sich ein goldenes Schlüsselloch. Ophelia ging über den Schachbrettboden, betrat die Bühne über eine Stufe und schritt über die Holzbretter. Sie kniete sich vor das Schlüsselloch und
20 presste ihr Gesicht gegen die Tür, um hindurchzusehen.
Sie tat es, ohne nachzudenken.
So war sie einfach.
Sie rechnete nicht mit etwas Ungewöhnlichem.
Sie rechnete nicht damit, direkt in ein großes, blaugrünes Auge zu blicken.

25 „Hallo", sagte der Besitzer des Auges, eine Jungenstimme. „Ich komme in Freundschaft und ganz ohne Arg." Ophelia landete auf ihrem Hintern und kroch rückwärts von der Tür weg. Ihr Herz machte einen Satz* und setzte kurz aus. Sie tastete in der Tasche ihres blauen Samtmantels nach dem Inhalator* und atmete einen Sprühstoß ein.
30 „Wer bist du?", fragte sie oder versuchte sie zumindest zu fragen, die Worte klangen ganz piepsig.
„Ich habe keinen Namen", sagte die Stimme. „Er wurde mir von einem Protektorat* aus Zauberern aus dem Osten, Westen und der Mitte genommen, um mich zu schützen."

35 „Ich glaube aber nicht an Zauberer", entgegnete Ophelia.

„Komm näher", sagte die Stimme.

Jeder hätte gewarnt: „Geh nicht näher."

Ophelia war nicht dumm. Sie gehörte sogar zur Londoner wissenschaftlichen Gesellschaft für Kinder, die sich jeden Dienstagabend traf. Natürlich würde

40 sie nicht näher gehen. Das sagte schon ihr gesunder Menschenverstand.

Ophelia kniete sich hin und starrte das Wandbild an. Die schöne Bergkette, das türkisfarbene Meer, den Jungen mit der ernsten Miene und dem erhobenen Schwert. Sie zog fest an ihren Zöpfen, weil sie sich dann manchmal besser fühlte.

45 „Warum kannst du nicht rauskommen?", fragte Ophelia.

„Ich bin eingesperrt."

„Ein Gefangener?"

„Ja", antwortete die Stimme.

Ophelia hätte weggehen können. Sie hätte aufstehen und

50 rückwärts den Raum verlassen können. Sie hätte ihren Füßen den ganzen Weg vorbei an den Steinengeln und über das Seeungeheuermosaik folgen können. Sie hätte den langen Gang mit den gemalten Mädchen entlanglaufen und sich durch die Menge in der *Galerie der Zeit* drängen

55 können. Sie hätte die feuchten, knarrenden Stufen hinunterrennen können, immer weiter hinunter bis zu ihrem Vater, der Schwerter klassifizierte, zuordnete und katalogisierte. Und wenn Mr Whittard sie dann fragen würde, was sie gemacht hatte, hätte sie sagen können: „Überhaupt nichts.

60 Es ist furchtbar langweilig hier."

Aber das tat sie nicht. Stattdessen krabbelte sie auf allen Vieren langsam auf das Schlüsselloch zu.

„Was willst du?", fragte sie.

Karen Foxlee ❖

 Schreibe die Geschichte weiter.

Auf dem Weg in die Ferien

Die Zugansage klirrte so unangenehm in den Lautsprechern, dass Ben zusammenzuckte. „Nächster Halt: Steinebach!" Er warf einen Blick auf die Uhr, noch zweieinhalb Stunden bis zur Ankunft. In seiner Orangensaftflasche waren
5 schätzungsweise noch 50 Schluck, er konnte also alle drei Minuten einen Schluck trinken, dann war die Flasche leer, wenn er ankam. Oder er trank alle halbe Stunde zehn Schluck, was ungefähr einem Becher entsprach und ebenfalls funktionierte.

10 Ben Dünnbier grinste, er hatte stets so seltsame Gedanken. Er war Juniorenmeister im Schach, Weltmeister im Kopfrechnen, Herr über Zahlen und die dreidimensionalen Körper. Von seinen Eltern hatte er diese Begabung nicht. Es war seine eigene Leistung, das Verdienst seines mathematisch begabten Gehirns, dass er zu jeder Tages- und Nachtzeit Rechnungen anstellte.
15 Einmal ging es um die Anzahl der Kirschen im Garten, ein anderes Mal um die Wahrscheinlichkeit, das richtige Los zu ziehen. Einmal berechnete er die Geschwindigkeit eines Turmspringers im freien Fall, ein anderes Mal …
Ben hatte in seinem kurzen Leben bereits so viele Rechnungen gelöst, wie eine dreißigjährige Drogistin* Cremes verkauft oder ein zwanzigjähriger Jongleur
20 Bälle geworfen hatte. Es gab unendlich viele Möglichkeiten, in jeder Minute neue Dinge zu berechnen, und es machte unglaublichen Spaß.
Ben blickte aus dem Fenster.
Zwei Wochen Ferien, Urlaub in der Familie seiner Cousine!
Letzten Sommer hatte er diese Reise zum ersten Mal angetreten, und er konnte
25 sich noch gut daran erinnern, wie wenig Lust er darauf gehabt hatte. Doch mittlerweile sah die Sache anders aus: Er mochte seine Cousine Charlotte richtig gern, Flint war zu einem seiner besten Freunde geworden, und Jette … nun, Jette war einfach cool. Das hatte er gleich gewusst, von Anfang an.
Ein Lächeln huschte über Bens Gesicht, doch dann dachte er plötzlich an
30 das merkwürdige Telefonat, das er gestern mit seiner Cousine geführt hatte.

Charlotte hatte alle Wünsche gesammelt, in ein Heft geschrieben, und bis dahin waren die Dinge ganz nach Plan verlaufen.

Aber dann musste irgendetwas passiert sein, Charlotte hatte so eine seltsame Andeutung gemacht. Natürlich hatte er nachgehakt, doch aus
35 seiner Cousine war nicht mehr herauszubringen gewesen.
Eine dicke Frau zwängte sich ins Abteil, und ein sportlich aussehender Mann mit Trainingsklamotten warf sich in den Sitz neben ihm. „Na, auf dem Weg in den Urlaub?", fragte er und streckte Ben eine Tüte mit Erdnüssen entgegen. „Ganz allein, ohne Eltern?"
40 Ben nickte, sparte sich aber die Antwort. Weder hatte er Lust auf eine langweilige Unterhaltung, noch wollte er an seine Eltern denken, die seit der Geburt seiner kleinen Schwester kaum noch Zeit für ihn hatten. Schnell zog er ein Buch aus seinem Rucksack, steckte die Nase hinein und tat so, als würde er lesen. Nein, bis jetzt war das Baby tatsächlich
45 nicht die tolle Überraschung, das einzigartige Geschenk oder der Inbegriff aller Wünsche gewesen. Die Kleine schrie Tag und Nacht, klaute ihm die Eltern und versprach wahrzumachen, was Ben monatelang befürchtet hatte.

Über diesen Gedanken nickte Ben ein, und als er wieder aufwachte, war
50 er schon fast am Ziel. Er zog seinen Koffer unter dem Sitz hervor, schlüpfte in den Wintermantel und band seinen Schal um. Dann warf er einen schnellen Blick auf sein Handy und entdeckte die Nachricht von Charlotte.

Angie Westhoff

> ENDLICH SEHEN WIR UNS WIEDER. WIR TREFFEN UNS UM 15.00 UHR IM CAFÉ PRINGELS. ES GIBT NEUIGKEITEN.

 Was könnte Ben als Antwort auf die Nachricht schreiben? Notiere es.

Lauter tolle Geschichten

Drachen in Gefahr

Schieferbart war der älteste Drache im Tal. Er hatte mehr erlebt, als seine Erinnerung festhalten konnte. Seine Schuppen schimmerten schon lange nicht mehr, aber Feuer speien konnte er noch, und die Jüngeren fragten ihn um Rat, wenn sie nicht
5 weiterwussten.

Lung weckte Schieferbart, als alle anderen Drachen sich schon vor seiner Höhle drängten. Die Sonne war untergegangen. Die Nacht hing schwarz und sternenlos über dem Tal und es regnete immer noch.

10 Missmutig sah der alte Drache zum Himmel, als er aus seiner Höhle trat. Seine Knochen schmerzten von der Feuchtigkeit, und die Kälte machte seine Gelenke steif. Die anderen Drachen wichen respektvoll vor ihm zurück. Schieferbart sah sich um. Keiner fehlte, aber Schwefelfell war der einzige Kobold, der da war. Mit schweren Schritten und schleifendem Schwanz
15 ging der alte Drache durch das feuchte Gras auf einen Felsen zu, der wie der moosbewachsene Kopf eines Riesen im Tal aufragte.
Schnaufend stieg er hinauf und sah sich um. Wie erschrockene Kinder blickten die anderen
20 Drachen zu ihm hoch. Einige waren noch sehr jung und kannten nur dieses Tal, andere waren mit ihm von weit, weit her gekommen und erinnerten sich daran, dass die Welt nicht immer den Menschen gehört hatte. Sie alle rochen das Unglück und sie hofften, dass er es verscheuchen würde. Aber er war alt und müde.

25 „Komm herauf, Ratte", sagte er mit heiserer Stimme. „Erzähl, was du gesehen und gehört hast."

Flink sprang die Ratte den Felsen hinauf, kletterte Schieferbarts Schwanz hoch und hockte sich auf seinen Rücken. Es war so still unter dem dunklen Himmel, dass nur das Rauschen des Regens zu hören war und das Rascheln
30 der jagenden Füchse in der Nacht. Ratte räusperte sich. „Die Menschen kommen!", rief sie. „Sie haben ihre Maschinen geweckt, sie gefüttert und auf den Weg gebracht. Nur zwei Tage von hier fressen sie sich schon durch die Berge. Die Feen werden sie noch eine Weile aufhalten, aber irgendwann sind sie hier, denn ihr Ziel ist euer Tal."

35 Die Drachen stöhnten auf, hoben die Kopfe und drängten sich
noch dichter um den Felsen, auf dem Schieferbart stand.
Lung hielt sich etwas abseits. Schwefelfell hockte auf seinem Rücken
und knabberte an einem getrockneten Pilz herum.
„Na, na, Ratte", murmelte sie. „Hätte man das nicht
40 etwas netter sagen können?"
„Was heißt das?", rief einer der Drachen.
„Was wollen sie hier? Sie haben doch
alles, da, wo sie sind?"
„Sie haben nie alles, was sie wollen",
45 antwortete die Ratte.
„Wir verstecken uns, bis sie wieder weg sind", rief ein anderer Drache.
„So wie wir es immer gemacht haben, wenn sich einer von ihnen
hierher verirrt hat. Sie sind doch so blind, sie sehen nur, was sie sehen
wollen. Sie werden uns wieder für Felsen halten oder für
50 abgestorbene Bäume."
Aber die Ratte schüttelte den Kopf.
„Schon lange warne ich euch!", rief sie mit schriller Stimme.
„Hundertmal habe ich euch gesagt, dass die Menschen Pläne schmieden.
Aber Große hören nicht auf Kleine, nicht wahr." Ärgerlich sah sie sich um.
55 „Ihr versteckt euch vor den Menschen, aber euch interessiert nicht, was sie treiben.
Meine Sippe ist nicht so dumm. Wir gehen in ihre Häuser.
Wir belauschen sie. Und deshalb wissen wir, was sie mit eurem Tal
vorhaben." Ratte räusperte sich und strich über ihren grauen Schnurrbart.
„Jetzt macht sie es wieder spannend", flüsterte Schwefelfell Lung ins Ohr,
60 aber der Drache beachtete sie nicht.
„Was haben sie vor?", fragte Schieferbart müde. „Sag schon, Ratte."
Die Ratte zwirbelte nervös an einem Barthaar. Es machte wirklich keinen
Spaß, schlechte Nachrichten zu überbringen. „Sie – werden euer Tal fluten",
antwortete sie zögernd. „Hier wird bald nichts als Wasser sein. Eure Höhlen werden
65 überschwemmt und von den hohen Bäumen da", sie zeigte mit der
Pfote in die Dunkelheit, „werden nicht einmal mehr die Spitzen
aus dem Wasser ragen."
Sprachlos starrten die Drachen sie an.

Lauter tolle Geschichten

„Das ist unmöglich!", stieß schließlich einer hervor. „Niemand kann das. Nicht einmal wir, obwohl wir größer und stärker sind als sie."
„Unmöglich?" Die Ratte lachte spöttisch. „Größer, stärker? Ihr versteht gar nichts. Sag du es ihnen, Schwefelfell. Sag ihnen, wie die Menschen sind. Vielleicht glauben sie dir ja." Beleidigt rümpfte sie die spitze Nase.

Die Drachen wandten sich zu Lung und Schwefelfell um.
„Ratte hat recht", sagte das Koboldmädchen. „Ihr habt keine Ahnung." Sie spuckte auf die Erde und zupfte an einem Stück Moos, das zwischen ihren Zähnen klemmte. „Die Menschen laufen nicht mehr in Rüstungen herum wie damals, als sie euch gejagt haben, aber gefährlich sind sie immer noch. Sie sind das Gefährlichste, was es gibt auf der Welt."

„Ach was!", rief ein großer, dicker Drache. Verächtlich drehte er Schwefelfell den Rücken zu. „Lasst die Zweibeiner ruhig kommen. Ratten und Kobolde müssen sich vielleicht vor ihnen fürchten, aber wir sind Drachen. Was können sie uns schon anhaben?"

„Was sie euch anhaben können?" Schwefelfell warf ihren angeknabberten Pilz weg und richtete sich auf. Jetzt war sie ärgerlich und mit verärgerten Kobolden ist nicht zu spaßen. „Du bist noch nie aus diesem Tal herausgekommen, du Hohlkopf!", rief sie. „Du denkst bestimmt, Menschen schlafen auf Blättern, so wie du. Du denkst, sie können nicht mehr ausrichten als eine Fliege, weil sie kaum länger leben. Du denkst, sie haben nichts im Kopf als Fressen und Schlafen. Aber so sind sie nicht. O nein!" Schwefelfell schnappte nach Luft.

„Die Dinger, die manchmal über den Himmel ziehen und die du Dummkopf Lärmvögel nennst, sind Flugmaschinen, die die Menschen gebaut haben. Sie können miteinander reden, obwohl sie nicht einmal im selben Land sind. Sie können Bilder machen, die sich bewegen und sprechen, Gefäße aus Eis formen, das nie schmilzt, ihre Häuser nachts zum Leuchten bringen, als hätten sie die Sonne eingefangen, sie, sie", Schwefelfell schüttelte den Kopf, „sie können wunderbare Dinge tun – und abscheuliche. Wenn sie dieses Tal unter Wasser setzen wollen, dann werden sie es tun. Ihr müsst fort, ob es euch passt oder nicht."

Cornelia Funke ❖

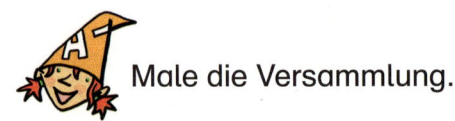
Male die Versammlung.

Kalle Blomquist

„Du kannst nicht normal sein", sagte Anders. „Du kannst einfach nicht normal sein. Liegst da herum und träumst!"
Er, der nicht normal sein sollte, sprang hastig aus dem Grase auf und blinzelte unter einem flachsgelben* Haarschopf gekränkt
5 auf die beiden am Zaun.
„Lieber, kleiner, süßer Kalle", sagte Eva-Lotte, „du wirst ein Liegegeschwür bekommen, wenn du nicht endlich damit aufhörst, unter dem Birnbaum zu liegen und zu glotzen – jeden Tag, den ganzen Sommer lang."
10 „Ich liege aber nicht den ganzen Tag und glotze", widersprach Kalle verärgert.
„Nein, Eva-Lotte, übertreibe nun mal nicht", meinte Anders. „Besinnst du dich nicht auf den Sonntag Anfang Juni – da lag Kalle nicht ein einziges Mal unter dem Birnbaum. Er war den ganzen Tag lang nicht Detektiv. Diebe und Mörder waren unbewacht und konnten tun, was sie wollten."
15 „Ach ja, jetzt erinnere ich mich", sagte Eva-Lotte. „Die Diebe und Mörder hatten ja tatsächlich Anfang Juni einen ungestörten Sonntag."
„Haut ab!", brummte Kalle.
„Genau das wollten wir", gab Anders zu. „Aber wir wollten dich mithaben. Natürlich nur, wenn du glaubst, dass die Mörder eine Stunde ohne Aufsicht
20 auskommen."
„Oh, das können sie sicher nicht", stichelte Eva-Lotte. „Die müssen gewartet werden wie Säuglinge."
Kalle seufzte. Es war hoffnungslos, absolut hoffnungslos. Meisterdetektiv Blomquist – das war er. Und er verlangte Achtung vor seiner Tätigkeit. Aber bekam
25 er, was er verlangte? Bestimmt nicht von Anders und Eva-Lotte. Dabei hatte er doch nachweislich im vorigen Sommer drei Juwelendiebe festgesetzt – er ganz allein! Gewiss, Anders und Eva-Lotte hatten ihm nachher dabei geholfen, aber es war doch er, Karl Blomquist, gewesen, der durch Scharfsinn und Beobachtungsgabe den Schurken auf die Spur gekommen war. Damals hatten Anders und Eva-Lotte
30 begriffen, dass er wirklich ein Detektiv war, der seinen Beruf verstand; aber nun neckten sie ihn wieder, als wäre das alles nie gewesen. Als gäbe es überhaupt keine Verbrecher auf der Welt, die beobachtet werden müssten. Als wäre er ein überspannter Narr, der den Kopf voll Einbildungen hatte.

„Im vorigen Sommer wart ihr ziemlich stolz", sagte er und spuckte verdrießlich*
35 ins Gras. „Damals, als wir die Juwelendiebe festsetzten, gab es niemanden, der sich über Meisterdetektiv Blomquist beklagte."
„Es gibt auch jetzt niemanden, der sich über dich beklagt", meinte Anders.

„Aber du begreifst doch wohl, dass das Dinge waren, die einmal passieren und nie wieder. Seit dem Jahre 1200 liegt diese Stadt nun hier, und bis heute hat es, soviel ich weiß, keine anderen Verbrecher gegeben als gerade deine Juwelendiebe.

Das ist nun ein Jahr her. Du aber liegst noch immer unter dem Birnbaum und wälzt Kriminalprobleme. Gib es auf, Kalle, gib es auf. Glaub mir, für die nächste Zeit kommen keine Schurken mehr zum Vorschein, und wenn du sie auch mit der Lupe suchst."

„Alles hat seine Zeit, das weißt du doch", sagte Eva-Lotte. „Strolche jagen hat seine Zeit, und Fleischklöße machen hat seine Zeit."

„Ja, eben", sagte Anders. „Und jetzt hat die Rote Rose wieder den Krieg erklärt. Benka kam vor einer Weile mit ihrer Kriegserklärung. Lies selbst!"

Er zog ein großes Plakat aus der Tasche und gab es Kalle. Und Kalle las:

> Krieg! Krieg!
> An den wahnsinnigen Chef der verbrecherischen Sippschaft, die sich „Die Weiße Rose" nennt. Hiermit tun wir kund und zu wissen, dass es in ganz Schweden keinen Bauern gibt, der ein Schwein hat, das auch nur andeutungsweise so dumm ist wie der Chef der Weißen Rose. Das erwies sich, als dieser Abschaum der Menschheit gestern auf dem Großen Markt dem hochherzigen und allgemein geachteten Chef der Roten Rose entgegentrat. Fiel es da doch besagtem Abschaum ein, nicht zur Seite zu gehen, sondern erfrechte er sich in seiner gräulichen Dummheit nicht noch, unsern edlen, hochberühmten Chef zu puffen und dabei in widerliche Schmähungen auszubrechen! Dieser Schimpf, diese Schmach kann nur mit Blut abgewaschen werden. Nun herrscht Kampf zwischen der Roten Rose und der Weißen Rose, und tausend und abertausend Seelen werden in den Tod gehen – hinein in die Nacht des Todes.
> Sixtus, Edelmann und Chef der Roten Rose

„Und jetzt", sagte Anders, „wollen wir ihnen eins auf die Quaste geben. Machst du mit?"

Kalle grinste zufrieden. Der Krieg der Rosen, der mit kurzen Unterbrechungen nun schon seit Jahren tobte, war nicht etwas, wovon man sich freiwillig ausschloss.

Das gab Spannung und Inhalt für die Sommerferien, die sonst vielleicht etwas eintönig gewesen wären. Radfahren und baden, Erdbeerbeete begießen, Besorgungen machen für Vaters Lebensmittelgeschäft, angelnd am Fluss sitzen, in Eva-Lottes Garten Ball spielen – das alles reichte nicht, die Tage auszufüllen.

Die Sommerferien waren ja so lang.

Ja, Sommerferien waren glücklicherweise lang. Und sie waren die beste Erfindung, die jemals gemacht worden war, fand Kalle. Seltsam zwar,

sich vorzustellen, dass Erwachsene so was erdacht hatten. Da ließen sie einen tatsächlich so einfach zehn Wochen lang im Sonnenschein herumlaufen, ohne dass man sich über den Dreißigjährigen Krieg oder so etwas den Kopf zerbrach. Man konnte sich stattdessen mit dem Krieg der Rosen beschäftigen, und das war viel schöner.

„Ob ich mitmache? Musst du das überhaupt fragen?"

Dünn gesät waren sie ja, die Verbrecher, in letzter Zeit. Konnte sich Meisterdetektiv Blomquist da nicht gut etwas Urlaub gönnen, um seine Freizeit der höheren Kriegsführung zu widmen und zu sehen, was die Roten diesmal wieder zusammengebraut hatten?

„Ich glaube, ich begebe mich erst mal auf einen kleinen vorbereitenden Kundschaftergang", sagte Anders.

„Tu das", sagte Eva-Lotte. „Und wir starten dann in etwa einer halben Stunde. Ich will nur erst die Messer schleifen."

Das hörte sich imponierend und gefährlich an. Anders und Kalle nickten einverstanden mit dem Kopf. Ja, Eva-Lotte war schon ein Krieger, auf den man sich verlassen konnte! Die Messer, die geschliffen werden sollten, waren freilich nur Bäckermeister Lisanders Brotmesser – aber trotzdem!

Eva-Lotte hatte ihrem Vater versprochen, ihm den Schleifstein zu drehen, bevor sie wegging. In der brennenden Julisonne den schweren Schleifstein drehen war schon eine heiße Arbeit. Aber es kühlte ein wenig ab, wenn man sich vorstellte, dass das, womit man sich abrackerte, notwendige Waffen für den Krieg der Rosen waren.

„Tausend und abertausend Seelen werden in den Tod gehen – hinein in die Nacht des Todes", murmelte Eva-Lotte vor sich hin, während sie drehend am Schleifstein stand und ihr der Schweiß von der Stirn tropfte.

„Was sagst du?", fragte Bäckermeister Lisander und sah vom Schleifstein auf.

„Nichts."

„Das war wohl genau das, was ich gehört habe", sagte der Bäckermeister und fuhr prüfend mit dem Finger über die Schneide eines Brotmessers.

„Du kannst laufen!"

Und Eva-Lotte lief. Sie schlängelte sich durch den Zaun, der ihren Garten von Kalles trennte. An einer Stelle fehlte ein Brett. Solange sich Menschen entsinnen konnten, fehlte dort das Brett, und es würde dort fehlen, solange Eva-Lotte und Kalle etwas zu sagen hatten. Sie brauchten diesen Durchgang.

Astrid Lindgren ❖

⭐ Isla und ein toller Plan

Meine Mutter hat etwas Großes vor. Sie will sich ihren
Lebenstraum erfüllen. Ihr Lebenstraum ist es, mich heute
per Mitfahrzentrale zu meinem Opa in die Alpen zu bringen
und mich dortzulassen. Anschließend will sie weiter
5 zum Flughafen fahren und nach Ibiza fliegen. Meine
Mutter hat nämlich vor, mit mir dahin auszuwandern.
Und zwar schon bald. Vorher muss sie allerdings
noch ein bisschen was auf Ibiza regeln.
Ibiza ist eine Insel. Sie liegt direkt vor Mallorca im
10 Mittelmeer. Auf Ibiza spricht man Katalanisch.
„Das klingt so ähnlich wie Spanisch", meint Mama.
„Also alles kein Problem!" Als würde ich Spanisch sprechen!

Bevor ich geboren wurde, war Mama schon mal auf Ibiza
und hat da „die Zeit ihres Lebens" verbracht.
15 Mit guten Freunden. Musik. Partys und Lagerfeuer am Strand.
Und genau aus diesem Grund will Mama endlich wieder nach Ibiza, um dort
noch mal die Zeit ihres Lebens zu erleben. Mama meint: „Ibiza ist einfach der
Traum!" Genauer begründet sie das gar nicht. Und dann kriegt sie diesen
glückseligen Blick, der ins Leere geht. Mama meint: „Sobald ich für uns auf
20 Ibiza ein Häuschen gefunden habe, komme ich zurück und wir packen unsere
Sachen." Dann wuschelt sie mir durchs Haar und ist in ihrer Fantasie schon
wieder auf Ibiza. Ganz ehrlich: Bis jetzt hat mich Mama nicht ein einziges Mal
gefragt, ob ich überhaupt nach Ibiza will! Am letzten Wochenende hat sie mir
im Internet ein paar Fotos von einsamen Buchten mit weißen Segelschiffen,
25 Cafés mit bunter Leuchtreklame oder kreischende Mädchen in Bikinis auf
einem Bananenboot gezeigt und bei jedem Bild gefragt: „Ist das nicht der
Hammer?"
Ich habe so ein bisschen genickt und gesagt: „Ja, sieht super aus."
Und: „Ist bestimmt warm da."
30 Mama meinte gleich so aufgeregt: „Warm? Machst du Witze?!

Da scheint immer die Sonne! Weißer Sandstrand, Palmen, türkisblaues Meer, Muscheln bis zum Abwinken, entspannte Leute, leckeres Essen, keine Sorgen." Ehrlich! Seit Mama ihr neues Leben auf Ibiza starten will, mache ich mir Sorgen! Und zwar eine ganze Menge Sorgen. Ihr Plan, nach Ibiza zu fliegen, bedeutet nämlich für mich, dass ich zu meinem Opa in die Berghütte muss, irgendwo in der Schweiz.

Eigentlich hätte ich viel lieber so lange bei meiner besten Freundin Jana gewohnt, aber Mama will nicht, dass mich fremde Leute durchfüttern, die selbst schon genug um die Ohren haben. Darum fehle ich jetzt zwei Wochen lang in der Schule und verpasse alle Arbeiten, weil Mama keine Lust hat, die Osterferien abzuwarten. Sie will jetzt los! „Ich bin eben eine impulsive* Person!", sagt Mama. Also lügen wir auch noch meine liebe Klassenlehrerin Frau Hase an und behaupten, dass ich wegen einer schweren Mandelentzündung fehle.

Überflüssig zu erwähnen, dass ich Jana während dieser Zeit nicht anrufen darf, damit sie nicht erfährt, dass ich mich eigentlich mitten in den Alpen aufhalte. Als würde ich Jana verheimlichen, dass ich in die Schweizer Berge fahre! Hallo!? Sie ist meine beste Freundin! Sie kennt jedes Geheimnis von mir! Aber das Besorgniserregendste an Mamas Lebenstraum ist, dass wir im nächsten Schritt unsere Wohnung aufgeben werden und ich auf Ibiza heimisch werden soll, wo ich keine Menschenseele kenne und alle Katalanisch sprechen. Aber Mama meint: „Was machst du dir Sorgen, mein Stoppersöckchen? Ich habe dich schließlich nicht umsonst Isla genannt!"

Für alle, die es nicht wissen: Isla heißt Insel. Der Lieblingssong meiner Mutter in jungen Jahren war *La Isla Bonita* von dieser inzwischen hundertjährigen Sängerin Madonna. *La Isla bonita* ist Spanisch und heißt übersetzt: Die schöne Insel. Schon mal jemanden getroffen, der „Insel" mit Vornamen heißt? Ich nicht! Jedenfalls ist Mama sicher, dass ich mich auf der Insel Ibiza wohlfühlen werde, weil sie mich ja in weiser Voraussicht Insel getauft hat. Logisch, oder?

Alexa Hennig v. Lange

Der Dieb im Pyjama

Es war ein heißer Sommer gewesen! Nicht nur, dass das Thermometer in Rekordhöhen geklettert war, auch die Aktenberge auf Kugelblitz' Schreibtisch erreichten Mount-Everest*-Höhe! Kugelblitz stand kurz vor dem Zusammenbruch.

5 „Wenn du nicht abschaltest, dann bist du Weihnachten reif für den Mülleimer!", sagte sein Kollege Leo Plietsch und riet ihm dringend, im Herbst ein paar Ferientage einzulegen. Leo Plietsch wusste auch schon, wo: in seiner Ferienwohnung an der Ostsee.
Kurz entschlossen nahm Kugelblitz das Angebot an.

10 „Ich glaube, ich erhole mich prächtig", sagte er zu Leo am Telefon, der ihn am fünften Tag anrief.
Am sechsten Tag wachte er mitten in der Nacht auf. Ich glaube, ich habe mich einfach überschlafen!, dachte Kugelblitz. Er schlüpfte in seinen marineblauen Strickpullover. Dann zog er die Trainingshose über den Schlafanzug und
15 beschloss, eine kleine Nachtwanderung am Strand zu machen.
Nach den ersten fünfhundert Metern begann er sogar etwas zu joggen. „Fabelhafte Kondition", murmelte er, als er nach einer Viertelstunde Dauerlauf im Mondschein den Pulsschlag überprüfte. Dann lief er mit gleichmäßigen, lockeren Schritten wieder zu der kleinen Wohnanlage am Strand zurück,
20 in der sich die Ferienwohnung seines Freundes befand.
„Hoppla, da scheint noch einer Schlafstörungen zu haben", brummte Kugelblitz und blieb stehen. Ein Mann kletterte an der Regenrinne hoch, auf den Balkon im ersten Stock. Das Fenster war nur gekippt. Ein rascher Griff durch die Öffnung, und die Balkontür ging auf. Der Mann verschwand in der
25 Wohnung. „Nanu", murmelte Kugelblitz verwundert, „entweder hat der seinen Wohnungsschlüssel vergessen, oder er hat nichts Gutes im Sinn."
Kugelblitz hatte sich inzwischen schon so gut erholt, dass sein kriminalistischer Forscherdrang die Oberhand gewann. Er beschloss, festzustellen, ob es sich bei dem nächtlichen Turnkünstler um den wahren
30 Wohnungseigentümer handelte oder um einen Eindringling. Das herauszufinden, war schließlich ganz einfach.
Kugelblitz schloss die eigene Haustür auf, ging durch den Keller in das Nebenhaus und lief die Treppe hoch bis zum ersten Stock rechts. Das war die Wohnung, in die der Nachtwandler eingestiegen war. Kugelblitz klingelte.
35 Nichts. Kugelblitz klingelte ein zweites Mal.

Etwas bewegte sich hinter dem gläsernen Spion* in der Tür. Nach erneutem Klingeln fragte eine verschlafene Stimme hinter der Tür: „Wer ist da?"

„Ein Nachbar … Ich glaube, bei Ihnen ist eingebrochen worden!"

Die Sperrkette wurde zurückgeschoben. Ein Mann im Pyjama wurde im Türspalt sichtbar. „Was sagen Sie da?"

„Ich glaube, bei Ihnen ist jemand über den Balkon geklettert!"

„Um Himmels willen, was Sie nicht sagen!", rief der Mann erschrocken.

„Ich sah einen Mann an der Regenrinne hochsteigen!"

„Kommen Sie doch rein und sehen Sie nach", sagte der Mann und trat einen Schritt zurück. Es dauerte nicht lange, bis die Wohnung, die nur zwei Zimmer hatte und ordentlich aufgeräumt war, durchsucht war. Da war keiner außer Kugelblitz und dem Mann im Pyjama …

„Dann muss ich mich geirrt haben!", sagte Kugelblitz, als er sich an der Tür verabschiedete.

Er warf einen Blick auf das Türschild und sagte: „Sie sind doch sicher Herr Müller persönlich?"

Der Mann nickte und sagte etwas vorwurfsvoll: „Da haben Sie mir aber einen gehörigen Schrecken eingejagt – mitten in der Nacht!"

„Nichts für ungut, Herr Müller! Entschuldigen Sie vielmals!"

Kommissar Kugelblitz eilte in seine Wohnung. Von dort aus rief er den Revierposten an.

Der war ziemlich verschlafen, weil in der Nachsaison in dem Ferienort wenig los war.

„Verhaften Sie bitte einen Einbrecher! Aber lassen Sie sich nicht dadurch verwirren, dass er einen Pyjama trägt …" sagte Kugelblitz am Telefon.

Eine halbe Stunde später war der Mann verhaftet.

Ursel Scheffler

Woher wusste Kugelblitz, dass es sich nicht um den Wohnungsbesitzer handeln konnte? Überlegt gemeinsam.

⭐ 5 Das Jahr ist wie ein Buch

⭐ Das leere Nest

Das Nest der Blauracke*
bei uns im Garten
ist noch leer
und kann es kaum erwarten,
5 bis seine Bewohnerin
endlich heimkehrt von ihren Fahrten.

Es blühen schon die Bäume,
die Hügel tragen grüne Hüte,
und in tausend verschiedenen Farben
10 zeigt sich der Frühling in voller Blüte.

Nur der dumme Vogel
verschläft ihn da wohl im Süden.

Carlos Reviejo

⭐ Blütenspiel

Während
der Baum
den Frühling erwartet,
spielen die Vögel,
dass sie seine
Blüten sind.

João Proteti

⭐ Frühling will es werden

Frühling will es werden.
Ich habe es gespürt,
als mich am frühen Morgen
ein Sonnenstrahl berührt'.

5 Schon stehen Tulpenblätter
und Krokusse vorm Haus,
auch eine Hyazinthe
streckt keck ihr Köpfchen raus.

Verwelktes Laub vom Vorjahr
10 hängt zitternd noch am Baum,
leicht zögernd löst sich dieser
aus seinem Wintertraum.

Hoch oben auf dem Schornstein
bezieht Herr Storch sein Nest
15 und Menschenkinder freuen
sich auf das Osterfest.

Der Märzwind lässt mich frösteln,
noch ist es nicht so weit.
Doch singt mein Herz voll Freude:
20 „Nah ist die Frühlingszeit!"

Anita Menger

⭐ Der japanische Kranich

Was hören sie für eine Musik,
bei der sie flattern, hoch und jäh?
Es ist ein früher Frühlingstag;
die Kraniche tanzen,
sie tanzen im Schnee.

David Elliott

Kräuterpfannkuchen

Im Frühling kann man wieder frische Kräuter im Garten ernten und damit Gerichte zubereiten. Besonders lecker schmecken Pfannkuchen mit Kräutern.

Das brauchst du für den Teig:

2 Eier
2 Tassen Mehl
2 Tassen Milch
½ Teelöffel Salz

1 Handvoll frische Kräuter
(z. B. Petersilie, Schnittlauch, Kresse …)

So wird es gemacht:

- Die Eier, das Mehl, die Milch und das Salz mit dem Mixer zu einem glatten Teig verrühren.

- Den Teig etwa eine halbe Stunde quellen lassen.

- In der Zwischenzeit die Kräuter waschen und klein schneiden. Anschließend die Kräuter unter den Teig rühren.

- In einer Pfanne etwas Margarine oder Öl erhitzen. Kleine Pfannkuchen backen.

Wiebke Gerstenmaier

 Welche Kräuter kennst du noch? Stelle mit anderen Kindern eine Liste zusammen.

Was ist Aberglaube?

Ob Daumen drücken oder auf Holz klopfen: Der Aberglaube zielt darauf ab, Glück herbeizuführen oder Unheil abzuwenden. Aberglaube gibt es in allen Kulturen. Denn das menschliche Gehirn ist darauf gepolt, Muster in Ereignissen zu erkennen. So können wir Gefahren beim nächsten Mal schneller abwenden und besser überleben. Allerdings legen wir uns dabei manchmal auch falsche Erklärungen zurecht. Wir sehen dann Ursache und Wirkung in Dingen, die nur zufällig zusammenkommen.

Wer ein vierblättriges Kleeblatt in der Natur findet, hat an sich schon Glück, denn diese kommen nur äußerst selten vor. Der Legende nach war es aber Eva, die eines zur Erinnerung aus dem Paradies mitnahm. Mit einem Kleeblatt hält man also ein Stück vom Paradies in seinen Händen und ist mit Glück und Reichtum gesegnet.

aus der Zeitschrift „Warum!"

Ein Kleeblatt basteln

Schneide 4 Kleeblätter aus grünem Bastelfilz aus und fädele sie mit Nadel und Faden nacheinander mit je 2 Stichen auf.

Ziehe die Enden der beiden Fäden über Kreuz und schiebe dabei die einzelnen Blätter zusammen, sodass ein Kleeblatt entsteht.

Drehe das Kleeblatt um und verknote die Enden der Fäden auf der Rückseite.
Mit dem übrigen Faden kannst du den Glücksklee an dein Mäppchen, dein T-Shirt oder eine Tasche annähen.

Wiebke Gerstenmaier

⭐ Im Sommer ist alles anders

Im Sommer ist alles merkwürdig. Die Zeit vergeht langsamer, schlendert dahin. Bienen schweben träge über Blumen, die Bäuche golden bestäubt. Keine Schule. Lange Tage. Die Sonne verharrt im Himmel, und wenn sie untergeht, glüht der Himmel
5   stundenlang. Es ist eine Dazwischen-Zeit. Man ist nicht länger in der Klasse, in der man im letzten Schuljahr war, und auch noch nicht in der Klasse, in der man nach den Ferien sein wird. Es gibt keine Schultage und keine Wochenenden. Der Montag hat keine Bedeutung. Ein Tag gleitet friedlich in den nächsten.
10 Man verliert die Zeit aus dem Blick.
Tage drinnen. Tage draußen. Tage im Keller des besten Freundes, auf der Suche nach der siebten geheimen Münze in der Wüstenwelt eines Computerspiels. Rasensprengertage. Wasserbombentage. Tage, an denen man die neuesten Dance-
15 moves aus dem Internet lernt. Tage, an denen man alle dreiundvierzig Sorten in der Eisdiele durchprobiert und dabei die perfekte Geschmackskombination sucht (Sorte, Soße, Waffel,

mit oder ohne Schokoladenstückchen). Schwimmtage. Tage, an denen man nach den Cheatcodes für Computerspiele sucht, die man schon gespielt hat.

Tage, an denen der beste Freund in die Ferien fährt und man nur noch Fernsehsendungen guckt, die man schon kennt, weil man nichts Neues machen will, bis er zurückkommt. Tage, an denen man aus Zutaten in der Speisekammer geheime Tränke zubereitet. Tage, an denen man mit seinem Dad Golf spielen geht. Tage, an denen man einen Wasserspielplatz für Ameisen baut. Tage im Kino (klimatisiert, versteht sich), wo man Cola durch einen Lakritz-Strohhalm trinkt, während auf der Leinwand alles Mögliche explodiert. Im Herbst, wenn es dunkel und kühl ist, wird man zurückschauen und sich an fünfzig verschiedene Arten von Tagen erinnern, und es wird einem so vorkommen, als ob man fünfzig verschiedene Sommer erlebt hätte.

Jory John/Mac Barnett ❖

 Schreibe eine Liste, was du im Sommer gern tust.

Was ist eine Wiese?

Was ist eine Wiese?
Futter für die Kuh.
Und noch was dazu.
Gras und Blumen, Schmetterlingsflügel.
5 Bienengesumm.
Ameisgekrabbel.
Käfergezappel.
Achtung, Maulwurfshügel!
Margeriten.
10 Rote Federnelken vor dem blauen Himmel.
Heupferd übt den Weitsprung bis zum Kümmel.
Ein Kamillenbusch öffnet zwei Blüten.
Sommerfliegen flitzen
über Storchenschnabelmützen.
15 Hummeln brummen im Honighaus
ein und aus.
Glockenblumen bammeln und bummeln.
Unter Löwenzahn geigt
eine Grillenschnarre. Der Wind
20 spielt mit den Halmen Harfe
oder Gitarre,
alles regt sich oder bewegt sich,
alles, was da lebt und schwebt,
leuchtet, knistert, flüstert, brummelt, bummelt –
25 Was ist eine Wiese?
– Das ist eine Wiese.

Friedl Hofbauer

Sommerlied

Text: Astrid Lindgren   Übersetzung: Thorsten Meiwald   Melodie: Georg Riedel

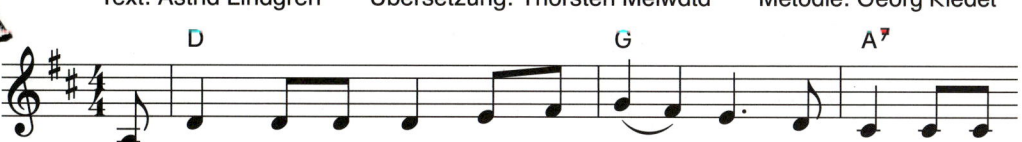
1. Glaub nicht, von al - lein würd' es Som - mer, in Gar - ten und
Den Som - mer, den muss je - mand we - cken, dann blü - hen die

Wie - se und Wald. Ich las - se die Blu - men er - blü - hen, lass
Blu - men schon bald.

sprie - ßen das Gras und den Klee. Ja, nun kann der Som - mer be -

gin - nen, denn schmel - zen ließ ich schon den Schnee.

2. Ich lasse das Wasser schnell strömen
und setze die Bäche in Gang.
Lass Schwalben am Himmel jetzt fliegen
und Mücken, den Schwalben zum Fang.
Ich schenke den Bäumen die Blätter,
und setze die Nester hinein.
Ich lasse den Himmel erglühen,
am Abend mit rosigem Schein.

3. Und Walderdbeer'n werde ich machen,
ich finde, die braucht jedes Kind,
und andere herrliche Sachen,
die passend für Kinder jetzt sind.
Ich mache so lustige Stellen,
grad richtig zum Spielen mit dir.
Da hüpf ich und renne und springe
und spüre den Sommer in mir.

Das Jahr ist wie ein Buch

November

Solchen Monat muss man loben:
Keiner kann wie dieser toben,
Keiner so verdrießlich* sein
Und so ohne Sonnenschein!
5 Keiner so in Wolken maulen,
Keiner so mit Sturmwind graulen!
Und wie nass er alles macht!
Ja, es ist 'ne wahre Pracht.

Seht das schöne Schlackerwetter!
10 Und die armen welken Blätter,
Wie sie tanzen in dem Wind
Und so ganz verloren sind!
Wie der Sturm sie jagt und zwirbelt
Und sie durcheinanderwirbelt
15 Und sie hetzt ohn' Unterlass:
Ja, das ist Novemberspaß!

Und die Scheiben, wie sie rinnen!
Und die Wolken, wie sie spinnen
Ihren feuchten Himmelstau
20 Ur und ewig, trüb und grau!
Auf dem Dach die Regentropfen:
Wie sie pochen, wie sie klopfen!
Schimmernd hängt's an jedem Zweig,
Einer dicken Träne gleich.

25 O, wie ist der Mann zu loben,
Der solch' unvernünft'ges Toben
Schon im Voraus hat bedacht
Und die Häuser hohl gemacht!
So, dass wir im Trocknen hausen
30 Und mit stillvergnügtem Grausen
Und in wohlgeborgner Ruh
Solchem Greuel schauen zu!

Heinrich Seidel

★ Zungenbrecher

Herbstlaub bleibt Herbstlaub.
Blaukraut bleibt Blaukraut.

Einhundert Eichhörnchen erbeuten Eicheln,
Schnecken stumme Stachelschweine streicheln.

★ Rätsel

Sie leuchten in rot, grün und gelb
Sie fliegen auch ganz ohne Flügel
Sie liegen, wie schlafend, einfach da
Sie werden Kastanien zur Wiege
Sie tanzen im Wind ihr Ballett
Sie werden von uns gar geplättet
Sie verschönern so manche Allee
Wir nennen sie nur: die … r

Josef Mahlmeister

★

```
    wolke     wolke
wolkewolkewolkewolke
wolkewolkewolkewolke
wolkewolkewolkewolke
    wolke     wolke
      B         B
      L         L b
      I         I l i t z
      T         T i
      Z         Z  tz
```

Max Bense

Welchen Zungenbrecher kennst du noch?
Sage ihn ganz schnell fehlerfrei auf.

Warum machen Maulwürfe Hügel?

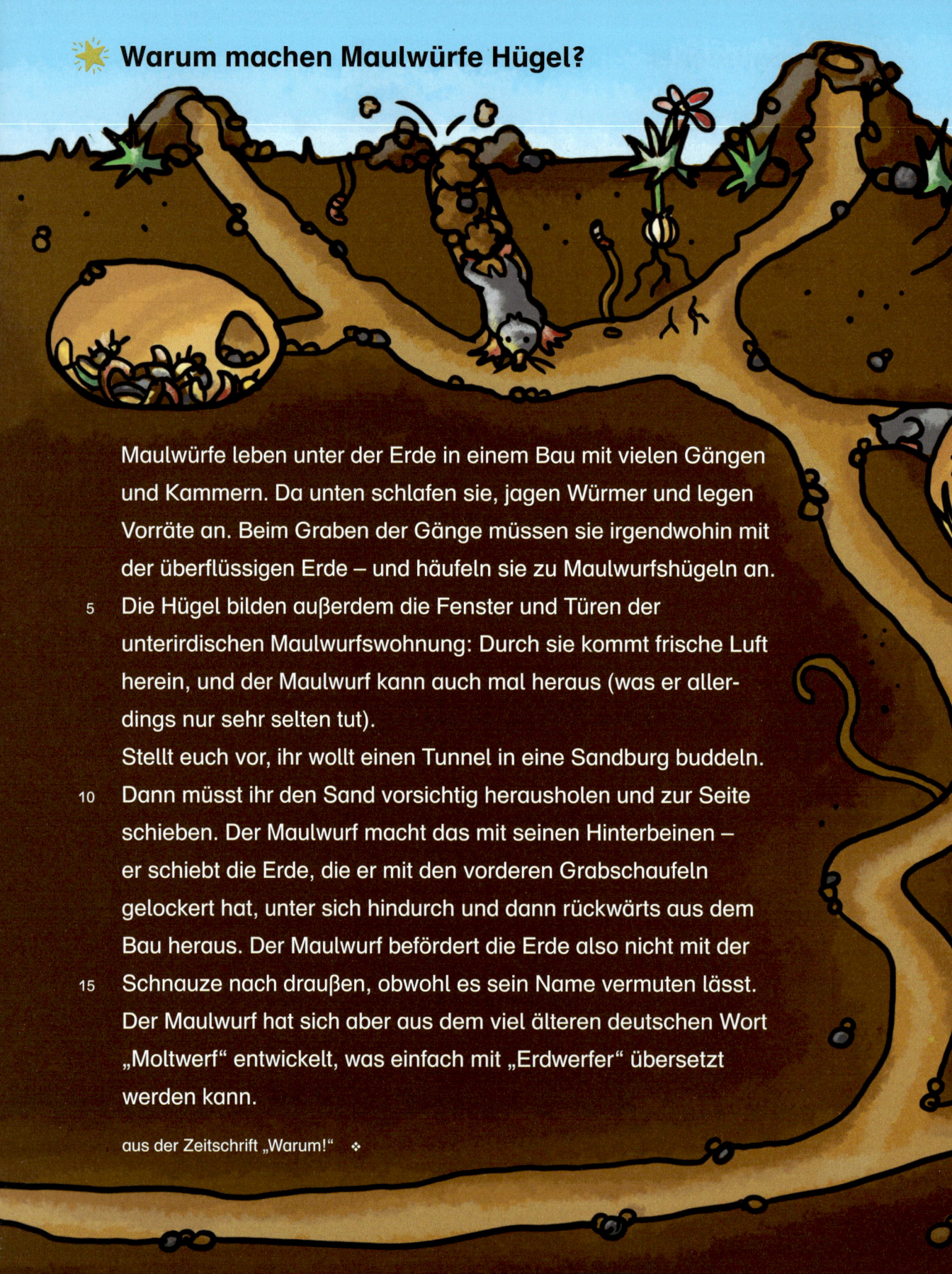

Maulwürfe leben unter der Erde in einem Bau mit vielen Gängen und Kammern. Da unten schlafen sie, jagen Würmer und legen Vorräte an. Beim Graben der Gänge müssen sie irgendwohin mit der überflüssigen Erde – und häufeln sie zu Maulwurfshügeln an.

5 Die Hügel bilden außerdem die Fenster und Türen der unterirdischen Maulwurfswohnung: Durch sie kommt frische Luft herein, und der Maulwurf kann auch mal heraus (was er allerdings nur sehr selten tut).

Stellt euch vor, ihr wollt einen Tunnel in eine Sandburg buddeln.
10 Dann müsst ihr den Sand vorsichtig herausholen und zur Seite schieben. Der Maulwurf macht das mit seinen Hinterbeinen – er schiebt die Erde, die er mit den vorderen Grabschaufeln gelockert hat, unter sich hindurch und dann rückwärts aus dem Bau heraus. Der Maulwurf befördert die Erde also nicht mit der
15 Schnauze nach draußen, obwohl es sein Name vermuten lässt. Der Maulwurf hat sich aber aus dem viel älteren deutschen Wort „Moltwerf" entwickelt, was einfach mit „Erdwerfer" übersetzt werden kann.

aus der Zeitschrift „Warum!"

Interessantes zum Maulwurf

– Ein Maulwurf wird 11–16 cm groß und kann bis zu 130 g wiegen.
– Er ist ungefähr vier Stunden aktiv und dann ruht er sich vier Stunden aus.
– Maulwürfe ernähren sich von Insekten, Regenwürmern und Käfern.
– Die Gänge eines Maulwurfs können bis zu 500 Meter lang sein.
– Drei Minuten benötigt der Maulwurf für einen Gang von einem Meter Länge.
– 20 Erdhügel kann er an einem Tag aufwerfen.

Der Maulwurf

Der Maulwurf, schwärzer als die Nacht,
ist wie aus lauter Samt gemacht.
In dunkler Erde ist sein Reich.
Wie's droben ausschaut, ihm ist's gleich.

Josef Guggenmos

Der Grasvulkan

es steht ein winzig grashalmmann
im grünen grashalmozean
vor einem brodelnden vulkan
der haufen erde riesengroß
bricht auf mit einem riesenstoß
doch spuckt er keine lava aus
denn oben schaut ein maulwurf raus

Arne Rautenberg

Übe, das Gedicht „Der Grasvulkan" vorzulesen, ohne dass du dich versprichst.

Schneeflockenlied

Es steht ein Schloss in Schnee und Eis
aus schimmernden Kristallen.
Es hängt das Mondlicht silberweiß
an Tor und Turm und Hallen.
5 Schneekönigin – Schneekönigin –
mit langen, langen Locken,
die sitzt im Zauberschlosse drin
und spinnt an ihrem Rocken*.
Sie spinnt mit weicher Feenhand
10 viel kleine weiße Sterne.
Die weht der Wind wohl übers Land
weithin in weite Ferne.
Schneekönigin – Schneekönigin –
die spinnt an ihrem Rocken.
15 Dann fallen auf die Erde hin
schneeweiße Silberflocken.

Manfred Kyber

treiben
im schnee
treiben
im schnee
5 treiben
im schnee
treiben
im schnee
treiben

10 dezem
ember
zember
kalligrafiert*
die krähe

Ernst Jandl

⭐ Warum frieren Fische im See nicht ein?

Wenn der See zufriert, können die Fische trotzdem überleben. Und das liegt an einer besonderen Eigenschaft des Wassers: Kaltes Wasser ist leichter als warmes Wasser. Deshalb bildet sich oben auf dem See eine Eisschicht, auf der wir Schlittschuhlaufen
5 können. Das wärmere Wasser sinkt dagegen zum Grund des Sees hinab. Und dorthin ziehen sich die Fische im Winter zurück.
Die unterste Schicht misst immer vier Grad Celsius, da das Wasser bei dieser Temperatur am schwersten ist und zu Boden sinkt. Dies ist zwar noch immer ziemlich kalt, aber für Fische reicht es, um
10 nicht zu erfrieren. Sie verharren in Winterstarre am Boden: Sie bewegen sich möglichst wenig, zehren von ihren Fettreserven und überleben so bis zum nächsten Frühling.

aus der Zeitschrift „Warum!" ❖

Charles M. Schulz

Das Sams feiert Weihnachten

Herr Taschenbier und das Sams saßen am Tisch in der Küchennische. Herr Taschenbier bereitete zusammen mit dem Sams den Weihnachtssalat vor. „Es sind zwar noch zwei Tage bis zum Heiligen Abend",
5 sagte er dabei. „Wir machen aber heute schon den Weihnachtssalat, damit er an Weihnachten gut durchgezogen ist. Dann schmeckt er besser."
Der Salat wird ungelogen allerbestens durchgezogen, bestätigte das Sams.

10 „Seit ich ein Kind bin, gibt es am Weihnachtsabend immer den gleichen Salat", erzählte Herr Taschenbier.
„Sind da auch Würstchen drin?", fragte das Sams.
„Drin nicht. Die gibt es aber dazu. Drin sind Äpfel, Nüsse, Rote Bete, Gürkchen und Kartoffeln. Alles schön klein geschnitten und gemischt.
15 Mein Vater mochte es, wenn der Salat mit Mayonnaise angemacht war, meine Mutter nahm lieber Essig und Öl."
„Und wer hat gewonnen?", fragte das Sams.
„Keiner. Sie haben immer brav abgewechselt: Ein Weihnachten mit Mayonnaise, das nächste mit Essig und Öl. Als Kind durfte ich
20 die Liste schreiben."
„Liste?"
„In der stand, wie der Salat im letzten Jahr angemacht war."
„Ein guter Plan", lobte das Sams.
„Ehrlich gesagt, habe ich dabei manchmal geschummelt." Herr Taschenbier
25 wurde sogar ein wenig rot bei diesem späten Geständnis.
„Geschummelt? Wie denn?", fragte das Sams.
„Die Mayonnaise war mir zu fett, deshalb habe ich E und Ö in die Liste eingetragen, obwohl eigentlich M an der Reihe war."
„E und Ö? Essig und Öl! Das traut man dir gar nicht zu. Und deine Eltern haben
30 nichts gemerkt?"

„Vielleicht schon. Aber sie haben es sich nicht anmerken lassen. Es waren gute Eltern."

Nachdem sie eine Weile Kartoffeln und Gürkchen klein geschnitten hatten, hörte Herr Taschenbier damit auf und legte das Messer beiseite.

35 „Du machst schon wieder so ein Nachdenk-Gesicht", stellte das Sams fest.

„Das hast du gut erkannt", gab Herr Taschenbier zu. „Ich denke."

„An die Geschenke?", fragte das Sams.

„Nein. Auch wenn es sich reimt. Als ich ein Kind war, hatten wir
40 immer viele Weihnachtsgäste", erzählte Herr Taschenbier. „Die Stühle am Esszimmertisch haben gar nicht ausgereicht, wir mussten sämtliche Küchenstühle dazustellen."

„Wer war denn dabei?"

„Meine Eltern, meine Großeltern, Onkel Florian, Tante Marga, und
45 manchmal hatten wir auch unseren Nachbarn eingeladen, Herrn Dörrlein. Und jetzt überlege ich, wen ich am Weihnachtsabend einladen könnte."

„Mich natürlich", sagte das Sams.

„Dich muss ich nicht einladen, du bist ja schon da!"

50 „Onkel Mon?", schlug das Sams vor.

„Ja. Der hat schon zugesagt. Ich dachte sogar schon mal an Frau Rotkohl", sagte Herr Taschenbier. „Ich kann sie ja mal fragen."

„Ich kann mir denken, weshalb du viele Weihnachtsgäste schön findest", sagte das Sams.

55 „So? Weshalb denn?"

„Weil nämlich alle Geschenke für dich mitbringen."

Herr Taschenbier lachte. „Nein, an Geschenke habe ich dabei nicht gedacht."

„Du magst also viele Weihnachtsgäste!" Das Sams grinste. „Jetzt weiß
60 ich, was ich dir zu Weihnachten schenken kann."

Paul Maar

Liebes Elektrizitätswerk!   *27. Dezember*

Ich möchte mich bei Dir herzlich bedanken für diese Weihnachten.
Eigentlich hatte ich mir gar nicht so viel Schönes gewünscht, wie Du mir geschenkt hast.
Von meinen Eltern wollte ich, dass sie dieses Jahr einen echten Weihnachtsbaum mit richtigen Kerzen kaufen.
Das war alles.
„Zu gefährlich. Ihr seid noch zu klein!", hat mich Papa angeschnauzt. Dabei bin ich schon 9 und Tom, mein Bruder, ist sogar 11. Also hatten wir doch wieder den Plastikbaum mit den elektrischen Kerzen. Vom Christkind habe ich mir nur eines gewünscht: Dass meine Eltern sich dieses Jahr an Heiligabend einmal nicht streiten – so wie früher. Papa bekam seinen DVD-Spieler und Tom seine Playstation. Sofort haben sie die Geschenke aufgerissen, wie zwei Haie.

Und dann wurde das Weihnachtsessen kalt, weil beide gleich mit den Geschenken loslegten. Da haben Mama auch ihr neuer Brillantring und der „tolle" Rührstab nichts genützt (sie hat jetzt bestimmt schon zehn Brillantringe und zehn Rührstäbe). Mama fing an zu weinen und Papa hat „Ruhe im Karton!" gebrüllt und dann haben sie sich doch gestritten. Du hast aber einfach den Strom abgestellt! Clever! Plötzlich war es dunkel und leise. Der DVD-Spieler, die Playstation und meine Eltern, alle waren still!

Papa und Mama sind übereinander gestolpert und aufs Sofa gefallen. Ich musste lachen und dann haben alle erstmal gelacht.

„Wo sind die Kerzen?", fragte Papa.

Mama sagte: „Das wollte ich gerade dich fragen."

„Dann musst du sie von Oma und Opa holen", sagte Papa. „Und sie einladen."

Mama seufzte. Sie hat schon ewig Stress mit Oma und Opa, die Papas Eltern sind und gleich bei uns über den Gang wohnen. Wir wohnen fast ganz oben, im 15. Stock! Da hat man einen tollen Ausblick.

„Guckt mal!", flüsterte Tom, der sonst immer nur schreit. Er stand am Fenster. Draußen leuchteten bestimmt tausend Kerzen in den Fenstern der Hochhäuser. Wie Weihnachtsglühwürmchen! Und dann fielen auch noch fette Schneeflocken! Bei uns schneit es nie an Weihnachten! Warst Du das auch, liebes Elektrizitätswerk?

In dem Augenblick kam Mama mit Oma und Opa herein; mit Kerzen und Keksen. Oma sagte: „Frohe Weihnacht!" Und das wurde es auch.

Deine Sara

PS: Kannst Du nächstes Jahr wieder den Strom ausfallen lassen?

Stephan Geesing

Schreibe einen Wunschzettel für Weihnachten mit Dingen, die man nicht kaufen kann.

Stichwortverzeichnis

Abend 26, 27, 28
Abenteuer 30
Aberglaube 108
Afrika 60, 61
Ameise 47
Amerika 60, 61
Arbeit 64, 65
Archäologie 62, 63
Asien 60, 61
Ausgrabung 62, 63

Bäcker 82, 83
Bär 32, 44
Baum(stamm) 25, 52, 53
Berufe 64, 65, 66
Beton 76, 77
Bibliothek 86, 87
Blätter 115
Brennstoff 68, 69
Buch 86, 87

Chips 23

Demokratie 78, 79
Detektiv 99–101, 104, 105
Dieb 104, 105
Drachen 96–98

Einbrecher 104, 105
Energie 68, 69
Entdeckung 60, 61
Erkältung 49
Esel 46

Fee 42, 43
Ferien 88, 89, 94, 95, 99–101, 110, 111
Fink 47
Fische 119
Frosch 47
Frühling 107
Fuchs 45, 49

Gebäck 82, 83
Gebäude 76, 77
Gehirn 72, 73
Geige 66, 67
Gemälde 74, 75
Gespenst 30

Glück 16, 17
Gold 51
Gott 56, 57, 58

Hafen 89
Hase 44, 75
Heinzelmännchen 34, 35
Herbst 114
Höhle 51, 62, 63
Hund 46, 80, 81

Insel 102, 103

Kaninchen 49
Katze 31, 48
Keller 84, 85
Kerze 122, 123
Kleeblatt 108
Kranich 107
Krankheit 12
Kräuter 109

Lachen 13
Langeweile 30
Laune 24
Löwe 46

Maulwurf 116, 117
Maus 48
Meer 102, 103
Mond 28, 39
Mücke 46
Museum 93
Musik 66, 67

Nashorn 75
Nervenzelle 72
Nörgeln 56, 57
Nudeln 23

Orchester 66, 67

Pfannkuchen 109
Polizei 41
Prinz(essin) 36, 42

Rakete 39
Rätsel 58, 59, 115
Ratte 85, 96–88
Räuber 30
Regen 25, 114

Reime 22, 23
Reisen 20, 21
Riese 30, 36
Ritter 36
Rotkäppchen 39

Salat 120, 121
Sand 76, 77
Sauerstoff 73
Schach 94
Schatten 29, 85
Schildbürger 52, 53
Schnee 118
Schule 90, 91
Schweinchen 40
Seefahrer 60, 61
Sommer 110, 111, 113
Spatz 50
Sphinx 58, 59
Spinne 46, 84
Strand 102, 103
Streich 55
Strom 68–70
Sturm 114

Taube 47
Thermometer 71
Turm 50, 76, 77

Ungeheuer 58, 59
Urlaub 21

Vögel 106
Volk 78, 79

Wasser 6, 119
Weihnachten 120–123
Wiese 112
Winter 119
Wolf 39–41
Wolke 114, 115
Wolkenkratzer 76, 77
Wut 18, 19

Zauberer 30, 31
Zirkus 30
Zoo 14, 15
Zug 94
Zwerg 32, 51

Wörterverzeichnis (Glossar)

Anthropologie Wissenschaft vom Menschen und seiner Entwicklung

Aspirin Schmerzmittel

Astronomie Himmelsforschung

Blauracke bunter Vogel

Casus Fall, Angelegenheit

darben Not und Hunger leiden

Details Einzelheiten

Drogistin Frau, die beruflich in einem Laden arbeitet, der Artikel zur Körperpflege und für den Haushalt anbietet

Essigsocken in Essig getränkte Socken, die helfen können, das Fieber zu senken

Flachs Pflanze, aus der Textilien gewonnen werden

Geologie Wissenschaft von der Erde und ihren Gesteinen

hold lieblich

Hurrikan tropischer Wirbelsturm

impulsiv spontan, ohne zu überlegen

Inhalator Gerät, mit dem man leichter atmen kann

kalligraphieren besonders schön schreiben

Karst kahle Gebirgslandschaft aus Kalkstein

Kirmes Volksfest in vielen Orten

laben sich erfrischen und stärken

ledig hier: ohne

Magistrat Stadtverwaltung

Maine-Coon Rassekatze, die sehr groß werden kann

Memorial Day Feiertag in den USA

Mount Everest höchster Berg der Welt

mumifiziert einbalsamiert, hier: vor langer Zeit gestorben

Münster große Kirche

Ode ein besonders feierliches Gedicht

Olymp Berg, auf dem der griechischen Sage nach die Götter wohnten

Orakel Spruch, mit dem die Zukunft vorhergesagt wird

parterre im untersten Stock, Erdgeschoss

Poesie Kunst, Gedichte zu schreiben

prangen auffällig und schön aussehen

Pritsche Holzgestell zum Liegen

Protektorat Schutzherrschaft

Rocken Gerät zum Spinnen

Satz hier: Sprung

Schusterbass besonders tiefe Stimme

Simulant jemand, der nur so tut als ob

Sonett Gedicht, das meist aus zwei Strophen mit je vier Zeilen und zwei Strophen mit je drei Zeilen besteht

Sousafon großes Blechblasinstrument, benannt nach seinem Erfinder J.P. Sousa

Spind kleiner Schrank

Spion hier: Guckloch in der Tür

Tor hier: einfältiger, dummer Mensch

Vagabund jemand, der keinen festen Wohnsitz hat

verdrießlich verärgert

zergeln sich streiten

Zoogefild Bereich im Zoo

Quellenverzeichnis

Textquellen

❖ Texte mit diesem Zeichen wurden aus didaktischen Gründen gekürzt oder einzelne Formulierungen wurden didaktisch vereinfacht. Genaue Informationen stehen in diesem Textquellenverzeichnis bei den betreffenden Texten.

6 Osés, Beatriz: Lo que saben los erizos, übers. v. Ilse Layer, deutsch: Wie man eine Badewanne füllt, Arche, Zürich/Hamburg 2018 | **7** Hans-Joachim Gelberg (Hrsg.): Wo kommen die Worte her. Neue Gedichte für Kinder und Erwachsene, Beltz & Gelberg, Weinheim 2015 | **8** Hans-Joachim Gelberg (Hrsg.): Glücksvogel, Beltz & Gelberg, Weinheim | **9** Weppler, Tine: Ih du milde dommedille, übers. v. Peter Urban-Halle, Arche Verlag, Zürich/Hamburg 1999 | **9** Konrad-Das Sprachlustmagazin, Nr. 04.2017, Bibliographisches Institut Berlin 2017 | **10** Bydlinski, Georg: Ein Gürteltier mit Hosenträgern, Dachs Verlag, Wien 2005 | **11** Klare, Margaret: In Wolle wickelt sich das Schaf, Peter Hammer Verlag, Wuppertal 2003 | **12** Maar, Paul: Onkel Florians fliegender Flohmarkt, Oetinger, Hamburg 2017 | **13** Kästner, Erich: Das Schwein beim Friseur und andere Geschichten, Atrium, 1962 | **14** Hans-Joachim Gelberg (Hrsg.): Wo kommen die Worte her. Neue Gedichte für Kinder und Erwachsene, Beltz & Gelberg, Weinheim 2015 | **15** Fühmann, Franz: Die dampfenden Hälse der Pferde im Turm zu Babel, Der Kinderbuchverlag, Berlin 1978 | **15** Rautenberg, Arne: rotkäppchen fliegt rakete, Peter Hammer Verlag, Wuppertal 2017 | **16/17** Hans-Joachim Gelberg: Glücksvogel, Beltz & Gelberg, Weinheim 2013 | **17** Christine Knödler: In wenigen Worten die ganze Welt, Thienemann-Esslinger, Stuttgart 2009 | **18/19** Stefanie Schweizer (Hrsg.): Das Tri Tra Trampeltier, das stri stra strampelt hier. Reime für Kleine, Beltz & Gelberg, Weinheim 2013 | **20** Krüss, James: Der fliegende Teppich. Geschichten und Gedichte für 101 Tag | **20** Gisela Zoch (Hrsg.): In meinen Träumen läutet es Sturm, DTV, München 1977 | **21** Hacks, Peter: Der Flohmarkt, Eulenspiegel Verlag, Berlin 2001 | **21** Erhardt, Heinz: Noch'n Gedicht, Lappan, Oldenburg 2011 | **23** Peirce, Lincoln: Super Nick. Bis später ihr Pfeifen, übers. v. Bettina Spangler, CBJ, München 2010 (❖ Ausschnitt, Titel hinzugefügt) | **24** Stefanie Schweizer (Hrsg.): Das Tri Tra Trampeltier stri stra strampelt hier: Reime für Kleine, Beltz & Gelberg, Weinheim, 2017 | **24** Milne, A.A.: Pu der Bär, übers. v. Harry Rowohlt, cecilie Dressler, Hamburg 2009 (❖ Ausschnitt) | **24** Wittkamp, Frantz: Alle Tage ein Gedicht, Coppenrath, Münster 2002 | **25** Maar, Paul: Onkel Florians fliegender Flohmarkt, Oetinger, Hamburg 2017 | **26** Krüss, James: In Tante Julies Haus, Boje Verlag, Köln 1969 | **27** Vahle, Fredrik: Ich und du und der Drache Fu, Beltz & Gelberg, Weinheim 2012 | **28** Claudius, Matthias: Der Mond ist aufgegangen, Cotta, Stuttgart 1965 (❖ gekürzt) | **28** Kerstin Borchers (Hrsg.): Ein Fisch mit Namen Fasch und andere Gedichte und Geschichten von Menschen und anderen Menschen, Ellermann, München 1972 | **29** Gernhardt, Robert: Mit dir sind wir vier, S. Fischer Verlag, Frankfurt 2010 | **30** Hein, Sybille: Prinzessin Knöpfchen, Carlsen, Hamburg 2008 | **31** Bechstein, Ludwig: Deutsches Märchenbuch, Georg Wigand, Leipzig 1847 | **32/33** Katrin Ahlschläger (Hrsg.): Es war einmal ... Mit 7 Märchen zum besseren Leben, Persen Verlag, Buxtehude 2016 | **34/35** Kopisch, August: Gedichte, Duncker und Humblot, Berlin 1836 (❖ gekürzt) | **36–38** Gudrun Schury (Hrsg.): Ein Pudel spricht zur Nudel, Aufbau Verlag, Berlin 2010 | **39** Rautenberg, Arne: rotkäppchen fliegt rakete, Peter Hammer Verlag, Wuppertal 2017 | **41** Rolf Krenzer (Hrsg.): Grimms Märchen – Modern. Prosa, Gedichte, Karikaturen, Arbeitstexte für den Unterricht, Reclam, Stuttgart 1986 | **41** Babley, Aaron: Böse Jungs, übers. v. Lisa Engels, Baumhaus Verlag, Köln 2016 (❖ Ausschnitt) | **42/43** Gudrun Schury (Hrsg.): Ein Pudel spricht zur Nudel, Aufbau Verlag, Berlin 2010 | **44/45** Edmund Jacoby: Das Hausbuch der Narren und Schelme, übers. v. Erich Müller-Kamp, Gerstenberg, Hildesheim, 2006 | **46** Affengeplapper. 100 der schönsten Fabeln aus aller Welt, übers. v. Hans Baumann | **46** Raecke, Renate (Hrsg.): Das große James Krüss-Buch. Ein Eisbär ist kein Pinguin. Boje Verlag Köln, 2007 | **47** de la Fontaine, Jean: Fabeln in Stundenbildern, übers. v. Brigitte Noder, Pestalozzi, Erlangen 2003 | **47** Busch, Wilhelm: Was beliebt ist auch erlaubt. Bertelsmann Lesering Gütersloh 1960 | **48** Fabeln des Äsop, Ravensburger Verlag, 1966, übers. v. Rudolf Hagelstange | **49** Rassmus, Jens: Der karierte Käfer. 14 3/3 Geschichten, G & G Verlag, Wien 2007 | **50** Hertzog, Carl: Der Ulmer Spatz | **51** Die Zwerge vom Goldberg, nacherzählt von Martina Meier, Labbé, Bergheim 2018 | **52–55** Kruse, Max: Schelmengeschichten, C. Bertelsmann, München 2000 | **56–59** Inkiow, Dimiter: Die schönsten griechischen Sagen, Oetinger, Hamburg 2003 | **60/61** Neumayer, Gabi: Berühmte Entdecker, CBJ, München 2010 (❖ Ausschnitt, gekürzt) | **62/63** Schaller, Andrea: Archäologie. Schätze der Vergangenheit, Tessloff, Nürnberg 2017 (❖ gekürzt, vereinfacht) | **64/65** Havukainen, Ainio und Sami Toivonen: Tatu und Patu und ihre verrückten Berufe, übers. v. Elina Kritzokat, Thienemann-Esslinger, Stuttgart 2013 | **68/69** Küntzel, Karolin: Weißt du, wie die Welt funktioniert? Geheimnisse des Alltags leicht erklärt, Compact, München 2015 | **70** Tak, Bibi Dumon: Kuckuck, Krake, Kakerlake, übers. v. Meike Blatnik, Ars Edition, München 2014 | **71** Dahlke Tom und Anita van Saan: Mach was im Frühling. 222 Spiele und Bastelideen, Moses Verlag, Kempen 2009 | **74/75** Brocklehurst, Ruth, Rosie Dickins und Abigail Wheatley: Kunst für Kinder. Berühmte Maler und ihre Meisterwerke entdecken, übers. v. Annett Stütze, Arena Verlag, Würzburg 2013 | **76/77** Schädlich, Susan: Das Beton-Problem, in: ahoi – Magazin für neugierige Forscher, 3/17, hrsg. v. Bundesministerium für Bildung und Forschung (❖ Ausschnitt, gekürzt, vereinfacht) | **78/79** Arkona, Malte: Warum haben wir keinen König? So funktioniert unsere Demokratie, Herder Verlag, Freiburg 2009 (❖ Ausschnitt) | **80/81** Ibbotson, Eva: Fünf Hunde im Gepäck, übers. v. Sabine Ludwig, DTV junior, München 2012 (❖ Ausschnitt, gekürzt) | **82/83** Habersack, Charlotte: Kalle gegen alle, Tulipan, München 2011 (❖ Ausschnitt) | **84/85** Michaelis, Antonia: Das Blaubeerhaus, Oetinger, Hamburg 2015 (❖ Ausschnitt, gekürzt) | **86/87** Riley, James: Weltenspringer, übers. v. Gabriele Haefs, Thienemann-Esslinger, Stuttgart 2016 (❖ Ausschnitt, gekürzt) | **88/89** Levy, Dana Alison: Die verflixten Fletcher-Boys machen Ferien, übers. v. Catrin Frischer, CBT, München 2017 (❖ Ausschnitt) | **90/91** Banscherus, Jürgen: Der unglaubliche Lauf der Fatima Brahimi, Arena Verlag, Würzburg 2017 (❖ Ausschnitt, gekürzt) | **92/93** Foxlee, Karen: Ophelia und das Geheimnis des magischen Museums, übers. v. Katharina Diestelmeier, Beltz & Gelberg, Weinheim 2015 (❖ Ausschnitt) | **94/95** Westhoff, Angie: Das Buch der seltsamen Wünsche. Der 13. Wunsch, Oetinger, Hamburg 2017 (❖ Ausschnitt, gekürzt) | **96–98** Funke, Cornelia: Drachenreiter, Cecilie Dressler, Hamburg 1997 (❖ Ausschnitt, Titel hinzugefügt) | **99–101** Lindgren, Astrid: Kalle Blomquist, übers. v. Caecilie Heinig und Karl Kurt Peters, Oetinger, Hamburg 1996 (❖ Ausschnitt) | **102/103** Hennig von Lange, Alexa: Mein Sommer als Heidi, Thienemanns-Esslinger, Stuttgart 2017 (❖ Ausschnitt, Titel hinzugefügt) | **104/105** Scheffler, Ursel: Kommissar Kugelblitz. Der lila Leierkasten, Franz Schneider, München 1994 (❖ Ausschnitt, gekürzt) | **106** Reviejo, Carlos: Versos del bosque, deutsch: Das leere Nest, übers. v. Ilse Layer, Arche Verlag, Zürich/Hamburg 2018 | **106** Proteti, João: Arvore, deutsch: Blütenspiel, übers. v. Ines Koebel, Cortez Editora, Brasilien | **107** Elliott, David: Der japanische Kranich, in: Arche Kinderkalender 2018, übers. v. Sybil Gräfin Schönfeldt, herausgegeben von der Internationalen Jugendbibliothek, München. Arche Kalender Verlag, Zürich-Hamburg 2017 | **M** Menger, Anita: Frühling will es werden, https://meine-festtagsgedichte.de/fruehlingsgedichte.html#Fruehlingwill, Zugriff: 01.06.2018 | **109** Was ist Aberglaube? aus: Warum! Magazin 4/2017, Now Medien GmbH, c/o SVG-Verlag, Hamburg (❖ gekürzt) | **110/111** Barnett, Mac und Jory John: Miles & Niles. Jetzt wird's wild!, übers. v. Alexandra Ernst, CBT, München 2017 (❖ Ausschnitt) | **112** Stefanie Schweizer (Hrsg.): Das Tri Tra Trampeltier stri stra strampelt hier: Reime für Kleine, Beltz & Gelberg, Weinheim 2013 | **113** Idas Sommerlied, Filmkunst Musikverlag, München/Melodie: Georg Riedel/Idas Sommerlied, Filmkunst

Musikverlag, München/Text: Astrid Lindgren, übers. v. Thorsten Meiwald, aus: Astrid Lindgren: Lesebuch zum 100. Geburtstag, Oetinger, 2007 | 114 Seidel, Heinrich: Gedichte. Gesamtausgabe, Cotta'sche Buchhandlung, Stuttgart 1913 | 115 Bense, Max: konkrete poesie international. rot, Nr. 65, Edition Rot, Stuttgart 1965 | 115 Mahlmeister, Josef: Kunterbunte Gedichte, Palabros de Cologne, Köln 1985 | 116 Warum machen Maulwürfe Hügel? aus: Warum! Magazin 4/2017, Now Medien GmbH, c/o SVG-Verlag, Hamburg (✜ gekürzt) | 117 Guggenmos, Josef: Was denkt die Maus am Donnerstag?, Beltz & Gelberg, Weinheim 1998 | 117 Rautenberg, Arne: rotkäppchen fliegt rakete, Peter Hammer Verlag, Wuppertal 2017 | 117 Interessantes zum Maulwurf, aus: Warum! Magazin 4/2017, Now Medien GmbH, c/o SVG-Verlag, Hamburg (✜ gekürzt) | 118 Kyber, Manfred: Der große Jahreszeitenschatz, Ellermann, Hamburg 2017 | 118 Jandl, Ernst: Laut und Leise, Reclam, Stuttgart 1976 | 119 Warum frieren Fische im See nicht ein? aus: Warum! Magazin 4/2017, Now Medien GmbH, c/o SVG-Verlag, Hamburg (✜ gekürzt) | 119 Peanuts Worldwide LLC/Distr. Andrews McMeel Syndicate/Distr. Bulls | 120/121 Maar, Paul: Das Sams feiert Weihnachten, Oetinger, Hamburg 2007 (✜ Ausschnitt, gekürzt) | 122/123 Carola Hoffmann (Hrsg.): Leise rieselt der Schnee, Pattloch, München 2003

Originalbeiträge

Martina Schramm: 40 Die drei kleinen Schweinchen | 72/73 Das Gehirn erzählt | Sonja Grimm: 66/67 Mit der Geige um die Welt | Wiebke Gerstenmaier: 108 Kräuterpfannkuchen | 109 Ein Kleeblatt basteln

Bildquellen

10 Georg Bydlinski: Ein Gürteltier mit Hosenträgern. © Fischer Kinder- und Jugendbuch Verlag GmbH, Frankfurt am Main 2018. Erstmals erschienen 2005 im Dachs Verlag, Wien | 11 Claudia Schmid, Illustration aus: Margaret Klare: In Wolle wickelt sich das Schaf, Peter Hammer Verlag, Wuppertal | 12 Paul Maar: Onkel Florians fliegender Flohmarkt, Oetinger Verlag, Hamburg, 2017 | 18/19 Heute bin ich wild und böse. Illustration von Claudia Weikert, aus: Stefanie Schweizer (Hrsg.), Das Tri Tra Trampeltier, das stri stra strampelt hier, © 2017 Beltz & Gelberg in der Verlagsgruppe Beltz • Weinheim Basel | 23 Lincoln Peirce: Super Nick. Bis später, ihr Pfeifen, aus: Big Nate in Class By Himself by Lincoln Peirce, Harper Collins Publishers, © 2010 deutschsprachige Ausgabe cbj, München; dieses Werk wurde vermittelt durch die Literarische Agentur Thomas Schlück GmbH, 30161 Hannover | 24 Alan A. Milne: Pu der Bär, Illustration: E. H. Shepard, Dressler, Hamburg 2009, © der Farbillustrationen 1970 by Ernest H. Shepard and Methuen & Co. Ltd, London © Atrium Verlag AG, Zürich | 27 Fredric Vahle: Ich und du und der Drache Fu, Illustration von Verena Ballhaus © 2012 Beltz Verlag in der Verlagsgruppe Beltz • Weinheim Basel | 29 Gudrun Schury: Ein Pudel spricht zur Nudel, Illustration: Leonard Erlbruch, Aufbau Verlag GmbH & Co. KG, Berlin | 36 Gudrun Schury: Ein Pudel spricht zur Nudel, Illustration: Leonard Erlbruch, Aufbau Verlag GmbH & Co. KG, Berlin | 37 li. Gudrun Schury: Ein Pudel spricht zur Nudel, Illustration: Leonard Erlbruch, Aufbau Verlag GmbH & Co. KG, Berlin | 39 Arne Rautenberg: Rotkäppchen fliegt Rakete, Illustration: Jens Rassmus, Peter Hammer Verlag, Wuppertal 2017 | 41 Aaron Blabey: Böse Jungs. Band 1., Illustration: Aaron Blabey, Verlag: Baumhaus Verlag Köln, 2016, in der Bastei Lübbe AG | 42 Gudrun Schury: Ein Pudel spricht zur Nudel, Illustration: Leonard Erlbruch, Aufbau Verlag GmbH & Co. KG, Berlin | 44 Sergej Michalkow: Das Hausbuch der Narren und Schelme, Illustration: Axel Scheffler © 2006 Gerstenberg Verlag, Hildesheim | 48 Die Stadtmaus und die Feldmaus, erzählt von Hans Gärtner, illustriert von Lisbeth Zwerger in: 12 Fabeln von Aesop, © 2006 NordSüd Verlag AG, Zürich/Schweiz | 56 Dimiter Inkiow: Die schönsten griechischen Sagen, Illustration: Wilfried Gebhard, Ellermann im Dressler Verlag GmbH, Verlagsgruppe Oetinger, 2017 | 57 Dimiter Inkiow: Die schönsten griechischen Sagen, Illustration: Wilfried Gebhard, Ellermann im Dressler Verlag GmbH, Verlagsgruppe Oetinger, 2017 | 59 shutterstock/timsimages.uk | 62 o. dpa Picture-Alliance/Marijan Murat | 62 m. Hilde Jensen, Universität Tübingen/Archäopark Vogelherd | 62 u. Urgeschichtliches Museum Blaubeuren | 63 laif/Berthold Steinhilber | 64/65 Sami Taivonen: Tatu & Patu und ihre verrückten Berufe, Illustrationen von Aino Havukainen © 2013 Thienemann Verlag in der Thienemann-Esslinger Verlag GmbH, Stuttgart | 66 Ronny Schönebaum | 67 shutterstock/Igor Bulgarin | 68 li. shutterstock/Igor Bulgarin | 68 re. shutterstock/Montypeter | 74 bpk/Joseph Martin | 75 li. bpk/RMN – Grand Palais/Thierry Le Mage | 75 re. bpk/Kupferstichkabinett, SMB/Jörg P. Anders | 76 li. imago stock&people/Bo van Wyk | 76 re. Adrian Smith + Gordon Gill Architecture/Jeddah Economic Company | 78 Warum haben wir keinen König? So funktioniert unsere Demokratie, Autor: Malte Arkona, Illustration: Detlef Surrey, Herder Verlag, Freiburg, 2009 | 80 Fünf Hunde im Gepäck. Eva Ibbotson, Dtv Junior, DTV Verlagsgesellschaft | 81 One Dog and His Boy, Text Copyright © Eva Ibbotson, 2011, Illustrations © Sharon Rentta, 2011, Reproduced with the permission of Scholastic Ltd | 82 Charlotte Habersack: Kalle gegen alle. Illustrationen: Eva Schöffmann-Davidov, © 2011 Tulipan Verlag GmbH München | 84 Antonia Michaelis: Das Blaubeerhaus. 2015, Verlag Friedrich Oetinger GmbH | 85 Antonia Michaelis: Das Blaubeerhaus, Illustration: Claudia Carls, Verlag Friedrich Oetinger, 2015 | 87 James Riley: Weltenspringer. © by Planet! in der Thienemann-Esslinger Verlag GmbH, Stuttgart | 88 Dana Alison Levy: Die verflixten Fletcher Boys machen Ferien, © Verlagsgruppe Random House GmbH, München | 92 Karen Foxlee: Ophelia und das Geheimnis des magischen Museums. Beltz & Gelberg 2015 | 94 Angie Westhoff: Das Buch der seltsamen Wünsche. Der 13. Wunsch. 2017, Verlag Friedrich Oetinger GmbH | 96 Cornelia Funke: Drachenreiter. 2016, © Dressler Verlag GmbH/Verlaggruppe Oetinger | 99 Astrid Lindgren: Kalle Blomquist. 1996, Verlag Friedrich Oetinger GmbH | 105 Ursel Scheffler: Kommissar Kugelblitz, Band 5 – »Der lila Leierkasten« illustriert von GERBER ILLUSTRATION, © 2001, EGMONT Verlagsgesellschaften mbH, Berlin | 109 m. www.colourbox.de/Colourbox.com | 109 u. Cornelsen Verlag / Wiebke Gerstenmaier | 110/111 Jory John, Mac Barnett: The terrible two 03, Go wild, Illustration: Kevin Cornell, WRITERS HOUSE LLC, © 2018 Kevin Cornell, Published by Arrangement with Jory John, Mac Barnett and Kevin Cornell; dieses Werk wurde vermittelt durch die Literarische Agentur Thomas Schlück GmbH, 30161 Hannover | 119 Peanuts Worldwide LLC/Distr. Andrews McMeel Syndicate/Distr. Bulls | 120 Paul Maar: Das Sams feiert Weihnachten, 2007, Verlag Friedrich Oetinger GmbH

Lösungen:

S. 9: Bär, Hase, Eule, Dachs, Echse, Otter, Rabe, Taube, Schaf, Igel, Wels, Ammer, Ente, Unke, Laus, Hund, Affe, Lama, Aal, Esel, Ziege/Egel, Pferd, Lama/Assel, Maus, Lachs, Ochse, Reh

S. 105: Weil auf dem Türschild ein anderer Name stand.

S. 115: Blätter

Quiz: LESERATTEN

Lolas Lesebuch-Quiz

Finde die richtigen Antworten im Lesebuch.
Notiere in deinem Heft die Lösungsbuchstaben.
Zusammengesetzt ergeben die Buchstaben ein Wort.

1. Wo leben die Spazoren?

M	L	V
in Afrika	in Asien	in Argentinien

2. Wer war Grauseldis?

I	S	E
ein böser Drache	eine Hexe	eine schreckliche Riesin

3. Mit welchem Material baute das zweite Schweinchen sein Haus?

S	P	C
Holz	Stroh	Stein

4. Welche Pille durfte die kranke Prinzessin nicht schlucken?

F	E	G
die elfte	die zwölfte	die dreizehnte

5. Nicholas John Conard ist

A	K	R
Astrologe	Geologe	Archäologe